细节养育

6种能力培养适应未来的孩子

[日] 加藤纪子 著

贾耀平 译

中信出版集团 | 北京

图书在版编目（CIP）数据

细节养育：6种能力培养适应未来的孩子 /（日）加藤纪子著；贾耀平译. -- 北京：中信出版社，2022.10
ISBN 978-7-5217-4551-1

Ⅰ.①细… Ⅱ.①加…②贾… Ⅲ.①家庭教育 Ⅳ.①G78

中国版本图书馆CIP数据核字(2022)第124744号

KOSODATE BEST100
by Noriko Kato
Copyright © 2020 Noriko Kato
Simplified Chinese translation copyright © 2022 by CITIC Press Corporation
All rights reserved.
Original Japanese language edition published by Diamond, Inc.
Simplified Chinese translation rights arranged with Diamond, Inc.
through Japan Creative Agency Inc.
ALL RIGHTS RESERVED

本书仅限中国大陆地区发行销售

细节养育：6种能力培养适应未来的孩子

著　者：[日]加藤纪子
译　者：贾耀平
出版发行：中信出版集团股份有限公司
（北京市朝阳区惠新东街甲4号富盛大厦2座　邮编　100029）
承 印 者：中煤（北京）印务有限公司

开　本：880mm×1230mm　1/32　　印　张：10.75　　字　数：330千字
版　次：2022年10月第1版　　　　　印　次：2022年10月第1次印刷
京权图字：01-2022-2524
书　号：ISBN 978-7-5217-4551-1
定　价：49.80元

版权所有·侵权必究
如有印刷、装订问题，本公司负责调换。
服务热线：400-600-8099
投稿邮箱：author@citicpub.com

前言

精选的"最适合孩子的育儿策略"

在养育一双儿女的过程中,我在 President Family、ReseMom、Diamond Online 等多家媒体撰写了各种与教育相关的文章,组织和策划过与教育相关的活动。

我采访过很多在各行各业成绩斐然的人士和他们的家人,以及学校、兴趣班的老师和学生,接触过从事一线教育研究工作的大学老师们,并有幸深入教育一线探访,获得了最新的教育信息。

包括我在内,现在与教育相关的人都有一种共同的感受——现在的父母已经被过剩的育儿信息淹没了。

互联网上充斥着大量的基于个人经验的成功案例或个人建议,书刊及教育类网络媒体也常常打出"某某家的秘诀""某某妈妈的智慧"等宣传口号作为噱头。

这些以前只能从亲戚、邻居家打听到的信息,乘着互联网的东风,从全国各地甚至全世界蜂拥而至,充满了我们的眼睛和耳朵,想"不过剩"都很难。

■ 应对时代变化的"新的育儿教科书"

日本 2020 年春天开始实施的新版小学学习指导要领中加入了"非认知能力"(无法测试的能力)要素。这一要素主要是指创造力、表现力及主体性等。

对于现在的孩子来说，未来的时代更加重视"**自主提出问题，与人合作，思考对策，解决问题**"，而不是"写出问题的正确答案"。因此，作为前者能力基础的非认知能力就尤为重要。

按照这个要求，以学校为主的学习方式就会逐渐多样化。

为了顺应这一时代要求，本书的内容将以"掌握未来世界必需的能力"为核心进行阐述。

■ 从规模庞大的研究成果中挑选的最有用的信息

"如何才能保留每个孩子与生俱来的优良品质，让每个孩子个性化地成长？"面对这一课题，以心理学、教育学、精神医学、脑科学等为首的各个学术领域都有多方面的研究成果。

这些前人积累的大量研究成果对于苦恼孩子教育，为孩子成长问题而焦虑不安的父母们，无疑是一种值得信赖的指南针。

然而，在这些成果中，即便是广为人知的理论也并不适合每一个孩子，甚至有些新的研究结果会颠覆我们的传统观念。

令人遗憾的是，现在社会上培养孩子的信息复杂冗繁，常常难以分辨。有些信息是站在孩子的角度，为孩子着想的；有些信息却居高临下，昭示了大人的权威，却忽略了孩子的感受，妨碍了孩子的健康成长。很多父母在忙碌的工作之余还要发愁："**自己要为孩子做些什么呢？**"能不能来个人帮帮这些父母，把有关孩子教育的信息整理一下呢？

我不是教育专家，也不是天才妈妈，但我真心想为普通的家长们整理一下有用的教育信息，让他们一听就懂、一学就会。

于是，我就写了这本书。

■ "三个可以"原则，可轻松阅读的实用育儿策略

本书严格挑选出实用的100条育儿策略，从提升沟通力、自我肯定感、创造力为代表的非认知能力到家庭学习、做游戏、训练、读书、吃饭、运动、睡眠，关于孩子的大部分问题都能找到对策。

特别是针对"**孩子应该采取什么行动？**"，以及"**父母或周围的大人怎么做才能让孩子自主做出这些行动？**"的问题，本书给出了具体对策，总结了能马上用于实践的小技巧。

请各位爸爸妈妈按照以下"三个可以"原则，轻轻松松地阅读本书。

无论从哪一节开始读都可以

阅读本书时不必从前往后读。从自己喜欢的章节开始读,或者翻看目录,只看自己有兴趣的章节,无论哪种读法都可以。

只实践一部分内容也可以

本书介绍的内容没必要全部都进行实践。如果你的孩子正处于叛逆期,你想改变一下教育方法,或者你发现孩子比较焦虑,想尝试着和孩子沟通沟通,那么根据孩子的具体情况,挑选其中一个策略稍微尝试一下,孩子就可能有所改变。

没有立刻看到效果也可以

在培养和教育孩子上不存在什么万能魔法。每个孩子在不同时期都有不同的表现,即便是本书介绍的策略也不一定完全有针对性。不过不用着急,爸爸妈妈们可以参考一下其他内容,尝试一下其他的策略,慢慢地坚持下去,相信会有所收获。

如果你施展浑身解数,孩子还是没有丝毫改变,何不换个角度想想:"我的孩子原来这么难对付,真是小看他了。"

■ 以 3 岁至小学六年级的学生为中心，适用时间长

本书主要针对的是可以与他人对话沟通的 3 岁到小学六年级左右的孩子，也适用于初中以上的孩子。

我家两个孩子已经上高中了。我自己一边写着本书一边还后悔不已："以前要是知道这些东西该多好啊。"不过，其中不少方法用在我的孩子身上，竟也意外地很有效果。

所以，现在用上也来得及。希望本书能被更多的爸爸妈妈和接触孩子的人看到，若能有所助力，我会感到无比的高兴。

愿这本书能给天下养育孩子的爸爸妈妈们带来更多的快乐、轻松和幸福。

目录

第 1 章 培养沟通力
让孩子尽早沉浸于"语言的海洋"

01 来一场对话
——在提问和辩论中磨炼孩子的思考力 · · · · 2

02 掌握"倾听力"
——促进孩子学习能力提升的关键技能 · · · · 5

03 倾听孩子的话
——不否定孩子,听他说话 · · · · 8

04 玩过家家
——让孩子在玩中学各种技能 · · · · 11

05 重视亲密接触
——有利于心脑活动的"温和刺激" · · · · 14

06 正确批评孩子
——批评时要简明扼要,就事论事 · · · · 18

07 拥有"无条件的自信"
——孩子坚韧成长所必需的重要力量 · · · · 22

08 读书给孩子听
——轻松耐心地阅读 · · · · 25

09 享受愉快的节假日
——让孩子接触不同价值观 · · · · 29

10 读懂孩子的身体语言
——从姿势中读懂他的心情并给予回应 · · · · 32

11 跟孩子好好说话
　　——什么是最佳的说话方式? ········ 35
12 做争吵的仲裁人
　　——让孩子从争吵中学道理 ········ 39
13 控制情绪
　　——沟通的核心力量 ············ 42
14 设置用手机守则
　　——防止孩子沉迷于手机 ········· 46
15 召开家庭会议
　　——创造与孩子对话的机会 ········ 50
16 让孩子问好致意
　　——不是强制性的,而是享受的 ······ 53
17 锻炼"演说力"
　　——让孩子掌握"说话的套路" ······ 56
18 树立榜样
　　——父母和孩子一起成长 ········· 59

第 2 章　培养思维力
最大限度地增加孩子的思考机会

19 让孩子找到兴趣点
　　——无机会,无兴趣点 ·········· 64
20 打磨"观察之眼"
　　——提升孩子与生俱来的能力 ······· 67

III

21 问开放式问题
——灵活使用"为什么""怎么做""如果" · · · · 70

22 创造让孩子思考的契机
——如何对话才能促使孩子思考？ · · · · · · 73

23 让失败变成成长的种子
——相信孩子，让他重新站起来 · · · · · · · 76

24 增强孩子深入探索的求知欲
——更多地关注过程而非成绩 · · · · · · · · 79

25 和孩子玩桌面游戏
——让他沉浸其中，开动脑筋 · · · · · · · · 82

26 培养孩子正确的金钱观
——让他体验自己管理金钱 · · · · · · · · · 86

27 培养孩子的"坚毅力"
——努力和热情是关键 · · · · · · · · · · · 89

28 男孩女孩，对策不同
——了解孩子的特点，提升能力 · · · · · · · 93

29 平等对待孩子
——对孩子保持敬意 · · · · · · · · · · · · 96

30 让孩子深入思考
——体验"设计思维" · · · · · · · · · · · 99

第 3 章 培养自我肯定感

拥有一颗灵活应对变化的"坚韧之心"

31 **保证优质的睡眠**
　　——日本的孩子普遍睡眠不足 · · · · · · 104

32 **让孩子具有"多元化视角"**
　　——不要只追求一个正确答案 · · · · · 107

33 **让孩子拥有自制力**
　　——掌握控制自己的技巧 · · · · · · · · 110

34 **锻炼孩子的抗逆力**
　　——坚韧成长的"心灵肌肉" · · · · · · 113

35 **培养孩子的感恩之心**
　　——丰富心灵的感恩方法 · · · · · · · · 116

36 **创造"无话不谈"的环境**
　　——鼓起勇气去宠爱孩子 · · · · · · · · 119

37 **把孩子当作家里的一分子**
　　——让他承担责任,感谢他的付出 · · · · · 122

38 **学技能①**
　　——选一门技能 · · · · · · · · · · · · · 125

39 **学技能②**
　　——安排宽松的学习计划 · · · · · · · · 128

40 **学技能③**
　　——为孩子的特长筹措资金 · · · · · · · 131

41 接受孩子
　　——真心认可孩子 · · · · · · · · · · 133

42 不武断
　　——不用"评价"限制可能性 · · · · · 136

43 不把意见强加给孩子
　　——与孩子保持适当距离 · · · · · · · 139

44 家庭旅行
　　——成长路上重要的非日常体验 · · · · 142

45 让孩子品味"小欢喜"
　　——打败悲伤的"欢乐存款" · · · · · 145

46 关注孩子的优势
　　——有关注就有成长 · · · · · · · · · 148

47 养宠物
　　——让孩子照顾宠物，培养爱心 · · · · 152

第 4 章　培养创造力
众多"刺激"给孩子带来机敏头脑

48 让孩子学乐器
　　——在享受中增强创造力 · · · · · · · 156

49 沉浸式体验
　　——让孩子活动身体，刺激五感 · · · · 159

50 不给孩子设限
　　——父母要管住嘴，不插话 · · · · · · 162

51 与电子游戏打交道
——利用游戏，增强沟通 · · · · · · · · 165

52 培养孩子的好奇心
——父母也要有探索欲 · · · · · · · · 168

53 用"肯定表达"对话
——转化消极的思维方式 · · · · · · · 171

54 让孩子接触艺术
——轻松谈论各种感受 · · · · · · · · 174

55 让孩子保持专注
——不要打扰"心流" · · · · · · · · · 177

56 让孩子动手尝试
——在实践中找到答案 · · · · · · · · 180

57 为想象力插上翅膀
——现在的"浪费时间"会变成未来的助力 · · · 183

58 体验正念冥想
——亲子互动多欢乐 · · · · · · · · · 186

59 允许孩子发呆
——孩子也会累 · · · · · · · · · · · 189

60 四面环书
——读书是使人聪慧的万能方法 · · · · · 192

61 让孩子悠闲自得地涂鸦
——发散思维能提升创造力 · · · · · · · 195

第 5 章 培养学习能力
有效反馈，提高士气

62 了解孩子的特点
　　——不同的风格，不同的学习法 · · · · · · 200
63 让孩子掌握计算能力
　　——快快乐乐地熟悉数字 · · · · · · 203
64 一起制订计划
　　——制订计划，提高执行功能 · · · · · · 206
65 书写①
　　——让孩子爱上写东西 · · · · · · 209
66 书写②
　　——让孩子记日记 · · · · · · 211
67 书写③
　　——让孩子熟悉写作模式 · · · · · · 214
68 让孩子把学习变成习惯
　　——自主快乐学习的方法 · · · · · · 218
69 让孩子学习编程
　　——反复摸索，锻炼大脑 · · · · · · 221
70 重复练习
　　——巧妙地增加变化和负荷 · · · · · · 225
71 增加孩子的词汇量
　　——轻松理解文章的基本功 · · · · · · 228

72 **减少"无用功"**
   ——有张有弛地进行有针对性的学习 · · · · · 231

73 **让孩子掌握英语**
   ——把英语当作游戏道具 · · · · · 233

74 **让孩子当老师**
   ——教人知识也是在巩固知识 · · · · · 237

75 **周期性复习**
   ——最适合记忆性科目的方法 · · · · · 240

76 **有效地夸奖孩子**
   ——正确夸奖会带来大变化 · · · · · 242

77 **正确反馈**
   ——积极地沟通问题 · · · · · 245

78 **让孩子学会事情分轻重缓急**
   ——按任务清单调整行动 · · · · · 248

79 **让孩子出声朗读**
   ——读错也没关系,享受阅读 · · · · · 251

80 **奖励孩子**
   ——提高积极性的奖励 · · · · · 254

81 **创造"士气"**
   ——引导孩子"我要做"的积极性 · · · · · 257

82 **支持孩子**
   ——避免过度干涉 · · · · · 261

83 **一起决定"目标学校"**
   ——教育不能光盯着成绩 · · · · · 264

84 **让孩子拥有"自己的空间"**
   ——打造能提升积极性的环境 · · · · · 267

85 让孩子早睡早起
　　——好好睡觉，让大脑休息 · · · · · · · · · · 270
86 让孩子掌握"专注力"
　　——最多专注 15 分钟 · · · · · · · · · 273

第 6 章 培养健康体质
营养加运动，强健孩子的大脑和体质

87 让孩子均衡摄取营养
　　——好食物的简单本质 · · · · · · · · · · 278
88 让孩子吃合适的零食
　　——除了糖类更要注意脂质 · · · · · · 282
89 让孩子好好吃早餐
　　——轻松制作早饭 · · · · · · · · · · · · · 285
90 享受下馆子
　　——宝贵的悠闲亲子时间 · · · · · · · · 287
91 让孩子不要挑食
　　——有些食物吃不下也无可厚非 · · · 289
92 一起做饭
　　——培养五感的刺激性体验 · · · · · · 292
93 做便当
　　——简单易做，饱含深情 · · · · · · · · 295
94 吃应季菜肴
　　——把春夏秋冬放入碗中 · · · · · · · · 299

95 活用外卖食品
　　——巧妙利用，注意少油少盐 ･･･････ 301

96 提高孩子的免疫力
　　——锻炼出抗病体质 ･･･････････ 303

97 让孩子多活动身体
　　——锻炼出不易受伤的身体 ･･･････ 306

98 让孩子适当运动
　　——轻松享受各种体育活动 ･･･････ 310

99 锻炼孩子的"咀嚼力"
　　——细嚼慢咽有利于增强身心健康 ････ 313

100 保护孩子的眼睛
　　——手机时代，呵护双眼 ･･･････ 315

后记 ･･････････････････････ 318

第 1 章

培养沟通力

让孩子尽早沉浸于"语言的海洋"

01 来一场对话
——在提问和辩论中磨炼孩子的思考力

美国智库之一布鲁金斯学会及美国纽约科学院等教育机构都认为21世纪最重要的技能就是"**对话能力**"。

人们通过对话，利用自己的优势，相互之间查漏补缺，取长补短，激发灵感和创意。这也是未来时代的要求。

以谷歌和星巴克的创始人为代表，**极富创业精神的犹太人以"好辩"著称**。其原因之一就是他们奉为圭臬的律法集《塔木德》。

《塔木德》中罗列了不同领导者对律法条文的不同注释，犹太人又对这些注释反复展开多方面深层次且无止境的辩论。这样的对话形式让犹太人可以掌握**多角度的思维方式和批判性的思辨能力**。

在 President Family 2017 年秋季刊上刊登的对 173 名日本东京大学学生的调查问卷结果表明：有九成学生的父母会**利用吃饭、接送上下学等时间认真进行亲子对话**。看来，家人之间的对话也有助于学习能力的提升。

如何培养孩子的"对话能力"？

- **每天 10 分钟，听孩子讲话**

    每天有意识地制造孩子能安心与父母讲话的时间。平时父母都在忙工作，总是忍不住给孩子下命令，这种"对话"只是单方面的。

    即使孩子讲了些无关紧要的小事，父母也要点头出声给予回应。这样孩子就越来越愿意和父母讲话。

- **放下手机**

    近几年，家庭餐桌上人们面对面吃饭，却各自看着手机，毫无交流的现象越发普遍。父母**要下决心放下手机，创造出对话时间**，才有和孩子交流的机会。

- **与孩子进行五个来回的问答**

    美国范德堡大学教育学院的戴维·迪金森教授建议父母多向孩子提问题，而不是听孩子讲完后随便附和一声就结束话题。他提倡父母**"要注意和孩子进行至少五个来回的问答"**。

    对话的关键是让孩子能大量地说。父母提问时，要用**"为什么""是什么""怎么样""怎么做""如果……的话"**来引导孩子，尽量避免只需用"是"或"不是"来回答的问题，鼓励孩子讲出更多内容。

    向孩子提问时要具体，比如"今天在学校有什么高兴的事吗？""今天下大雨了，大家都穿的什么去上学？"等，孩子就可以详细地回答问题。

用提问来引导孩子讲话

■ 不要忘记应和孩子

"真好哇！"当孩子听到别人的回应或共鸣时，**他就会放心讲话，不担心会出现什么问题。**所以父母要多多应和孩子的话。

■ 故意和孩子"辩论"

不过，如果父母总是一味地称赞，孩子可能就越来越不想听到批评他的话或他不喜欢的话。因此有时候既要对孩子表示共鸣，又要故意地提出反对意见。

但提出反对意见绝不是责备孩子，而是告诉他看事物的不同角度，增加对话交流的深度。

02 掌握"倾听力"
——促进孩子学习能力提升的关键技能

现在,社交网络等的迅速发展让虚拟交流普及化,却让面对面倾听他人说话的机会大大减少。倾听是一种聚焦对话内容、增进理解的重要技能。当孩子学会倾听后,就能迅速掌握以下能力:

· **学习力**:倾听→理解→享受→更多的好奇心→倾听,形成良性的学习循环。

· **表现力**:孩提时期,人对声音的敏感度很高,但随着人的成长,这种敏感度逐渐降低。孩子如果从儿童阶段就培养倾听力,耳朵可以捕捉到新的表达和新词汇,就能逐渐掌握表现力。

· **专注力**:集中精力倾听他人讲话,可以培养孩子的专注力。

· **忍耐力**:在他人讲话期间认真倾听,不插嘴,不三心二意,可以培养孩子的忍耐力。

· **共情力**:孩子很希望别人能理解自己,却不善于理解别人。培养倾听的习惯,能促使孩子去理解他人。

如何培养"倾听力"？

■ 父母要看着孩子，听他讲话

孩子找父母说话时，父母不要背对着他，而要面对面地倾听他讲话。被翻译成 20 多种语言出版的《好父母才是好老师》的作者之一多萝西·劳·诺尔蒂博士认为：**"父母是孩子的模仿对象，父母日常生活的举止对孩子影响最大。"**

孩子看到父母倾听自己的样子，他也会学习如何去倾听别人。

■ 读书给孩子听

快乐的读书时间是提升孩子"倾听力"的好机会。先从图画多文字少的绘本开始，随着孩子学习能力的提高，可以逐渐过渡到图少字多、篇幅较长的故事书。

■ 和孩子玩传话游戏

"请你把我说的话告诉爸爸。"

以玩游戏的形式让孩子去传话，孩子也会玩得很开心。如果孩子传话做得不错，不要忘记好好表扬他。

■ 给孩子使用"心智工具"

专门研究儿童学习心理学的心理学家埃琳娜·伯德洛娃和黛博拉·梁面向那些没有在家培养过"倾听力"的孩子，开发出一种名为"心智工具"（Tool of the Mind）的课程。

这种课程可通过"视觉"来提示孩子的行动。

比如说在负责朗读的孩子面前放一张"嘴巴"图，相当于告诉别人这个孩子现在负责朗读。**其他孩子拿着"耳朵"图，自觉地意识到要听别人讲话，而不是自己讲话。**

在学校和幼儿园等集体环境中，孩子们很乐意接受这个课程的培训。该课程也**有助于提高孩子的自制力和学习能力。**在家里，父母让孩子朗读绘本或者与孩子交流时不妨试一下。

利用图画做"倾听练习"

03 倾听孩子的话
——不否定孩子，听他说话

孩子常常有一肚子话想讲，比如说今天跟谁做游戏了，自己吃了什么，想看什么书，甚至做了什么白日梦，等等。如果大人能认真倾听这些在他们看来无聊乏味的、摸不着头脑的、不知所云的小事情，**孩子就会有安全感，变得镇定自信，产生一种被人认可的喜悦。**

当孩子感受到我们正在认真听他讲话时，孩子会觉得"讲出来真高兴！""说出来心里好轻松呀！"，他会变得更想说话了。这也是培养丰富表现力的切入点。

日本东北大学的川岛隆太教授是研究大脑机能开发的专家。他从2010年开始连续7年对居住在日本仙台市的7万名小学生、初中生、高中生进行跟踪调查，研究发现：**那些在调查中反馈"家人会认真听自己说话"的孩子，他们的学习能力呈现逐步提高的趋势。**可以看出，家人有没有认真听孩子讲话，也会影响孩子的学习能力。

如何倾听孩子的话？

曾在美国芝加哥大学和威斯康星大学等担任教师的临床心理学泰斗卡尔·罗杰斯博士倡导**积极倾听法（Active Listening）**。

罗杰斯博士从自己多年的提供心理咨询的实践经验中总结出"听者"的三大关键要素：**① 有共鸣，② 无条件不否定地关注，③ 表里如一。**

这三大要素看起来有些专业，不好理解，下面我来简单解释一下。

- **与孩子共鸣**

当我们听孩子说话时，**要站在孩子的立场上，边听边表示共鸣。**比如孩子说"累坏了"，我们可以跟着重复一声"真是累坏了吧"，就这样边听边时不时地附和一句，表示自己的惊讶或赞同。

- **不否定孩子的话**

我们要注意讲话的主角是孩子，不要本末倒置。在孩子讲话时，作为大人的我们不要强行插入"××做更好！""绝不能做××！"之类的意见。**需要问问题的时候，尽可能地简短明了，并注意不转换话题。**

即使孩子说错了，也不要马上用"但是……""可是……"来否定他。当孩子用错方法、做错事时，不要立刻否定，要先表示一下共鸣，再提出自己的意见或建议，这样一来孩子更容易听进去我们的话。

■ 认真确认孩子的讲话内容

如果我们没理解孩子说的话，却继续装作在听，孩子就会察觉到爸爸妈妈没认真听。因此，听不懂的时候，我们可以问问孩子具体的内容，确认清楚后再继续听。

■ 多抽出时间来好好听孩子讲话

当我们因为压力或工作精疲力尽、焦躁不安时，孩子讲话我们会听得心不在焉。

我们只有身心从容时，才能认真仔细地听孩子讲话。

当我们工作繁忙或身心疲惫的时候，可以买现成的饭菜回家或是叫个外卖等，创造出轻松的时间来好好听孩子讲话。

倾听孩子讲话时，大人们需要心平气和

04 玩过家家

——让孩子在玩中学各种技能

发展心理学的权威、心理学家利维·维果斯基**认为过家家是一种促进认知、情绪、社会性发展的高级游戏。**

经常玩过家家的孩子，通过完全扮演某一角色，**能培养出较高的专注力、记忆力及自信。**

■ 提升语言力

在游戏中孩子们自己创造话题，可以培养自身的规划能力和创造力。

甚至，孩子们可以合力思考问题，了解自己的分工，相互之间加强沟通，可以提高自身的协调能力和自制力。

语言学家戴维·迪金森教授称，**那些经常玩过家家的孩子一年之后语言力会有提升。**

如何快乐地玩过家家？

■ 准备好空间和小道具

提前准备好过家家的空间及扮演妈妈、医生、店铺老板等使用的**小道具，孩子能更容易融入游戏中。**

当孩子长大一点儿后，可以一起用空箱子、碎布片、绳子等一些家里的材料制作小道具，这样更能培养孩子的创造力。

■ 大人也来玩过家家

孩子看见大人也高兴地玩过家家，他一定也会玩得很开心。

比如，大人主动地进入角色，假装吃饭，吃完之后告诉孩子"这次轮到你了"，让孩子去模仿大人。刚开始时可以协助孩子进入角色。

如果游戏主题是医生和护士，大人就扮演护士；如果主题是老板和客人，大人就扮演客人。**要记得，大人始终是配角，让孩子主导游戏，这样孩子会主动丰富游戏内容。**

■ 不阻碍孩子的想象力

孩子眼中的世界跟大人想象中的截然不同。大人不必去强行纠正，顺应孩子的想法即可。

在过家家过程中，如果大人因为家务事等要离开一下，可以说"**我现在要出去一下，你和小朋友们（布娃娃）好好做饭哟**"，最好不要说"我得做饭去，咱们别玩啦！"之类的话。不破坏孩子过家家的氛围，让孩子能专心致志、轻松开心地玩耍。

> 妈妈把钱包忘在家里了，我去拿一下，一会儿回来。大家先吃饭。

过家家提前离开时，不要破坏孩子的想象空间

■ 和孩子一起观察各类情景

日常生活中的各种情景或者实际体验都能用来过家家。

去医院时，让孩子看看医生是怎么使用听诊器的；去超市时，看看收银台是什么样的……在日常生活中，**让孩子带着好奇心**，一起观察各种各样的情景，培养孩子的观察力。

培养沟通力

培养思维力

培养自我肯定感

培养创造力

培养学习能力

培养健康体质

05 重视亲密接触
——有利于心脑活动的"温和刺激"

亲密接触可以减少孩子的精神压力，抚慰孩子的情绪，培养孩子的独立精神，建立孩子成长的基础。当人们亲密接触时，**身体就会分泌一种激素催产素。**

一个人如果从小就容易让大脑分泌催产素，长大后就会充分信赖他人，给人以安全感，并能保持和睦的人际关系。

同时，他的大脑记忆力会增强，学习效果增加，抗压力也会得到提升。

■ 皮肤刺激给大脑带来积极影响

据 2018 年日本千趣会公司调查发现：与不经常进行亲密接触的家庭相比，那些常常进行亲密接触的家庭，**孩子的监护人所感受到的家人之间的牵绊要深厚 3 倍之多。**

不过令人遗憾的是，有大概一半的 12 岁以下孩子的监护人称他们觉得从孩子小学入学开始"与孩子的亲密接触逐渐减少了"。

日本樱美林大学的身体心理学学者山口创教授说："**儿童时期充分的亲密接触将让孩子受益一生。**"

皮肤也被称为"第二大脑",**温和轻柔的刺激能通过皮肤直接传递给大脑**,给予身心发展积极的影响。

如何亲密接触?

■ **不要拒绝孩子的拥抱**

大人与孩子多多亲密接触,孩子就会把家当作一个"安全基地"。

如果遭到拒绝,孩子就会不安、焦虑。因此爸爸妈妈不要拒绝孩子的拥抱。

■ **拉拉手**

手是治愈之源。日语中有"手当"(意思是治疗或补贴)一词,来源于从前人们用手贴近患病或受伤的位置来疗伤的情形。就像拉着手走路或是握着手时,手心的温度会让人安心、放心。

■ **摸摸头**

当你夸孩子时,摸摸他的头,孩子就会感到快乐和被关心。随着孩子逐渐进入青春期,大人和孩子的亲密接触会逐渐减少,但是找机会摸摸孩子的头也能促进亲子关系。

■ **拍拍肩膀或后背**

据称当我们轻拍小婴儿的后背时,**他会想起自己还在妈**

妈肚子里时听到的心跳声，就会变得安静下来。

孩子睡觉时，我们可以轻轻地拍拍他的后背。他出门上学、放学回家时，随手轻拍他的肩膀或者后背，他也会觉得高兴，产生安全感。

山口教授说："这一重要的亲密接触的方法，能表达出比语言多好几倍的感情。"

■ 击掌

我们击掌时会口中喊着"太好了！""太棒了！"，兴奋地互相看着对方。双掌相击，这一动作让我们分享超越语言的喜悦和感动。

另外，欢笑可以增加大脑中传递信息的突触，促进大脑活动。

■ 挠痒痒

如果孩子喜欢挠痒痒，大人和孩子就可以相互挠挠痒痒，逗孩子发笑也是一种亲密接触的方式，也可以起到放松身心的效果。但不要强迫孩子。

■ 经常拥抱孩子

日本武藏野大学的认知神经科学家泽口俊之教授认为，经常拥抱的父母孩子之间会保持着良好的亲密关系，并且父母和孩子会获得优质睡眠，保持身心健康。

他还指出，那些经常被上一辈拥抱的爸爸妈妈中有93.7%的人也会经常拥抱自己的孩子，培养孩子的习惯也会代代相传下去。

■ 亲密接触最好是在傍晚之后进行

刺激副交感神经可以让身体放松下来，所以副交感神经也被称为"休息神经"。山口教授认为**在副交感神经占优势的傍晚之后进行亲密接触会收到更好的效果。**

并且，当人们以每秒 5 厘米的速度进行抚摸接触时，副交感神经就处于最佳状态。据说人们常常下意识地以这种速度去抚摸自己喜爱的人或宠物。山口教授说**用整个手掌好好地抚摸**会有很好的效果。

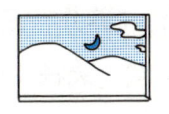

在傍晚和深夜进行亲密接触的效果最好

06 正确批评孩子
——批评时要简明扼要，就事论事

近年来，"不要批评，好好表扬孩子才是育儿之道！"的观念盛行。日本东京大学发展心理学家远藤利彦教授则认为，**有表扬、有批评才称得上是"家教"**。

二宫尊德有言："**养儿，三扬两抑方可成才。**"意思是说："教育孩子分五成，表扬三成，批评两成。"他的观点其实是对"家教"很好的诠释。

如何正确地批评孩子？

■ **批评前先深呼吸**

当我们提醒孩子好几次，却依然被孩子当作耳边风时，大人会不由得情绪化地抬高声音训斥。

当我们生气发怒时，孩子会焦躁不安，会觉得爸爸妈妈讨厌自己，不再爱自己了。因此，当我们气得头上冒火快要崩溃时，**先要深呼吸让自己平静下来。**

- **尽可能在与孩子单独相处时才批评**

  当孩子在众人面前被批评时，他的自尊心会受挫，感觉无比的羞耻，脑袋一片空白，完全听不进任何东西。如果周围有其他人，请大人尽量找个人少的地方批评孩子。

- **不否定孩子的人格**

  当我们批评孩子时，要**具体指出他的哪种言行举止不正确**，绝不能说出"你就是个笨蛋！""脑子天生就蠢！"等否定人格的言论。孩子一旦听惯了"你是个笨蛋！"，往往会逐渐认为自己真的是笨蛋，承认自己没有才华，放慢努力的脚步。

- **告诉孩子具体理由**

  日本明治大学临床心理学家诸富祥彦教授认为，那些常常吼着"你自己好好想想我为什么训你！"的父母其实是在偷懒。大人应该做的是用简洁明了的语言向孩子具体解释**哪些地方没有做好，为什么以及接下来应该怎么改善**。

批评孩子时要说明具体理由

- **不将孩子和他人比较**

　　和优秀的人比较，人们一般都会生出自卑感。尤其是当孩子被大人拎出来和自己的兄弟姐妹做比较时，他心里会觉得爸爸妈妈不爱自己。于是孩子反抗得更加激烈，越来越把父母的话当耳边风了。

　　其实，**拿自己的孩子和别人家的孩子做对比，父母心里也不痛快。** 如果父母试着改掉这个毛病，会意外地发现，在很多事情上"其实自家的孩子并没有做得不好，没必要批评"。

- **建立"让孩子平静下来的空间"**

　　在欧美国家，一种叫作积极暂停（Positive Time-out）和思考时间（Thinking Time）的儿童教育方法广为流行。这种方法可以让孩子平静下来，有利于孩子的身心健康。

　　简单地说，**就是当孩子情绪特别亢奋时，给他时间让他自己平静下来。** 这个时长大致是"孩子的年龄乘1分钟"。

　　因此，我们需要提前准备一个让孩子平静下来的空间。等孩子的心情平静下来，他就会去反省自己的言行举止，不会再做同样的事情。

- **逼着孩子学，没效果**

　　东京大学社会科学研究所和倍乐生教育综合研究所联合发表的《2015—2016年有关儿童生活与学习的亲子调查》显示，"好学的孩子"很大部分都是出于好奇心或主动关注等自发性的动机去主动学习的,而那些"厌学的孩子"很大部分是出于不想被老师或家长批评等外发性的动机去被动学习的。

当一个人的意见和行为受到强迫或压制时,他会进行反抗,甚至固执己见,坚持到底。这种现象在心理学上称为**"心理逆反"**。越是逼着孩子学习,孩子越是激烈反抗,越发不想学习。诸富教授说:"**与其胡乱批评一通,倒不如在开始的10分钟陪着孩子一起学一学更有效果。**"

不要逼着孩子学习,可以抽时间陪孩子学习

07 拥有"无条件的自信"
——孩子坚韧成长所必需的重要力量

人们不擅长沟通的原因之一是对自己没有自信。如果一个人没有自信，就会害怕遭到别人的拒绝，害怕受伤，于是就怯于和他人来往。

孩子也不例外。**对自己很满意的孩子常常能自信地表达出自己的真实想法。**

医师、临床心理学家田中茂树先生在工作的 20 年间，有过 5000 多次关于儿童教育烦恼的问诊经历。他认为当孩子坚持某些在父母看来错误的观点时，我们不要讲大道理去否定这些观点，更重要的是**承认孩子敢于说出自己观点的勇气。**

■ 让孩子真正体验"被认可"

人活在这个世界上，**他人无条件的信赖是极为重要的力量**，这种力量总是让人"说不清楚，但就是感觉能顺利地走下去"。

这种感觉在精神医学上称为"基本信任"。这种自己被认可的实际感受能够消除与他人之间的心灵壁垒，促进沟通的意愿。

怎么做才能让孩子具备"无条件的自信"？

- **接受孩子本来的样子**

  我们可以夸孩子考试得了满分、赛跑获得第一名等具体的成绩，孩子由此产生的是有根据的自信。

  如果没有实际成果做根据，这些自信感立刻消失得无影无踪。而无条件的自信并非上面那些附带必要条件的自信，而是**孩子在被父母认可并得到关心、关爱的体验中滋生的自信。**

- **不执着于消除孩子的弱点和缺点**

  努力克服困难消除自己的弱点确实很重要。但是如果父母过度坚持己见，总是处处紧逼孩子，孩子很有可能会产生强烈的自卑感，就别说什么自信了。

- **大人永远是听众**

  当孩子说话时，父母要永远站在"听众"席上，并且时不时附和，表示共鸣或赞同。无论孩子讲什么话父母都愿意好好倾听，孩子才会有自信去毫不保留地说出自己的想法。

- **培养孩子重新振作的能力**

  孩子一上小学就会拿别人和自己做比较，如果"失败就后悔得不得了"。

  因此，重要的是在失败时、在垂头丧气时能努力重新站起来的能力。心理学上称这种恢复能力为"抗逆力"。（参见"34

锻炼孩子的抗逆力"）

当孩子失败时，我们不要总拿他跟别人家的孩子比较，而是要关注这个过程中他的成长，鼓励他，承认他的努力和勇气，这样才能提升他重新站起来的能力。

当孩子失败后垂头丧气时，要看见孩子身上的亮点

■ **相信孩子**

日本儿童青少年精神科医师佐佐木正美女士曾说过："当一个孩子得到他人信任时，他才会去相信这个人。这种信任感也会让他对自己有信心。"(《变成一个喜欢妈妈、喜欢自己的孩子》)。因此，父母首先要信任孩子，这样孩子才会相信父母，才会相信自己。

08 读书给孩子听

——轻松耐心地阅读

学术研究证实了给孩子读书可以"让孩子心情平静，培养孩子的语言能力和想象力，避免情绪化"。

日本大学研究生院的认知神经科学家泰罗雅登教授在他的研究中发现，**"当父母给孩子读书时，孩子大脑的部分区域会变得活跃"**。这个区域位于大脑深处，与人的情感、欲望和本能相关，被称作"边缘系统"。

泰罗教授将此部分比喻为"心脑"，并且认为激发心脑**可以培养出理解恐惧、悲伤、愉悦和快乐等感情的孩子**。当心脑受到良好刺激时，孩子的大脑就会感受到各种各样的情绪，激发出孩子的毅力或自制力，并促进意志或道德感的发展。

脑科学家川岛隆太教授的调查发现，**父母给孩子阅读的时间越长，教育孩子的精神压力就越小**。

川岛教授认为父母越多给孩子读书，孩子的语言就发展得越好，同时不听话等逆反行为就越少。

父母经常给孩子读书听，孩子的心灵逐渐得到滋养，亲子间互相了解对方的性情，也能够心平气和地沟通。

如何读书给孩子听？

- **定好时间，养成习惯**

规定好读书的时间，比如说晚饭后、洗澡后或是睡觉前等，让读书成为每天的习惯。一般儿童书籍的内容很简短，即使忙着做家务，大人也能抽出 10 分钟左右读完一两册绘本。到了规定时间，父母就和孩子一起走进书的世界，好好享受读书的快乐。

- **保持环境安静、心情愉快**

读书时，可以关闭电视或音乐，让孩子集中精神。有时候孩子可能专注时间比较短，听不到结尾，我们不必着急，要依然像平时一样耐心地读到结尾。

即使孩子被别的东西吸引了注意力，也请继续读书，他背对着你时也在听你读书。

孩子被别的东西吸引了注意力，不必介意，请继续读完书

- **缓慢地、清楚地读书**

  我们给孩子读书时要慢悠悠地、清清楚楚地读,这样孩子可以好好地体会听到的故事或语言的节奏,放飞自己的想象力。

- **反复读同一本书也可以**

  当孩子特别喜欢某一本书时,他会反复多次翻看。大人觉得不可思议,可孩子会常读常新。可以反反复复地给他读同一本书,让他靠自己发现书中不同的乐趣。

- **切记认字不是目的**

  当我们给孩子读书时,切记不要强迫孩子去识记那些他不会的字,否则孩子会越发讨厌读书,和我们的目的南辕北辙。大人给孩子读书是让孩子体会读书的乐趣。

- **上了小学以后也要继续读**

  也许你会觉得绘本一般是读给 5 岁以下的幼儿听的,孩子上了小学以后再读就来不及了。

  但是,吉姆·崔利斯,美国畅销书《朗读手册:大声为孩子读书吧》的作者认为,对于 **13 岁以下的儿童,相比于"阅读能力",他们的"倾听能力"发展更为迅速**,他们主要通过模仿听到的话语来获得语言能力。

  给孩子读的书不限于绘本。孩子上了小学之后,大人给孩子读书,**孩子可以学习新的词汇,对世间万物的好奇心会**

更明显，逐渐产生更丰富的情感。

泰罗教授说要想促进与学习、思维、语言等大脑高级机能相关的大脑"新皮质"的成熟，必须健全地培育大脑内部的心脑区域。

为孩子读书能激发促进大脑的这个区域的发展，培育孩子的大脑"根基"。即使从小学才开始给孩子读书，效果也非常可观。

怎么挑选书？

在书店挑选绘本时，不要只围绕着外观鲜艳的书挑来挑去。那些黑白绘本中也有很多耐读耐看的，孩子会在脑海中将书里的世界染上自己的色彩。

如果不懂如何给孩子挑选书籍，可以利用购物网站查看畅销的童书，参考别人的评价和感想进行选择。

09 享受愉快的节假日
——让孩子接触不同价值观

全球化急速发展的时代要求各个方面的人才通力合作来解决各种各样的课题。因此，从小培养孩子与人和睦相处，从容镇定地应对各种场合，与他人顺利沟通、相互合作的能力就显得尤为重要。

尤其要让孩子和家人多多聊天，与亲朋好友们多多来往交流。这是孩子接触各种价值观的重要机会。

这可以通过愉快地度过各种节假日实现。节假日待在家里也不错，但最好大人能和孩子一起做做家务，一起聊聊天儿，或是创造机会，**让孩子感受一下在学校里体验不了的事。**

孩子在各种各样的沟通交流中，能逐渐学会和各种各样的人打交道的能力。

如何和孩子一起度过愉快的节假日时光？

■ "玩"着做家务

我们可以带着做游戏的感觉去和孩子一起打扫卫生、做饭。比如说打扫卫生时，我们可以设置个打扫主题，如把茶叶渣（铺在大门口的水泥地上可吸附灰尘）、橘子皮（可擦拭脸盆或地板）、淘米水（蘸湿抹布擦地板有打蜡效果）等生活垃圾当作天然素材，与孩子一起打扫卫生。

与孩子一起做饭时，可以一起阅读菜谱等内容，享受亲子做饭的乐趣，加深孩子对食物的兴趣和认识。

另外，在家庭菜园子里翻土锄地时，也可以开展亲子之间的快乐对话。小花盆或者保温箱里的一小片土壤也能种出很多蔬菜。

■ 去公园玩

可以一起去普通的公园，也可以去**能爬树、点篝火、做冒险游戏的公园。**可以邀请朋友带家人一起玩，接触非日常的大自然，聊聊不经常聊的天儿。

■ 去博物馆或美术馆

现在很多美术馆和博物馆对孩子免费开放。不必先入为主地认为孩子看不懂艺术，即使不了解作品背景，孩子也会从自己的角度去感受这些作品。欣赏真迹的宝贵机会也能开阔孩子的视野。（参见"54 让孩子接触艺术"）

■ 参加当地活动

我们可以通过媒体或政府网站了解当地节假日活动信息或者跳蚤市场的具体情况。

- **红白喜事中与亲戚来往**

    参加红白喜事，孩子就有机会接触传统的风俗习惯，**也可以接触不同年龄层的亲朋好友们。**

- **父母们愉快交流**

    通过各自孩子认识的很多爸爸妈妈们也能帮助我们增加育儿知识。只有夫妻两人的话，节假日能安排的有趣节目恐怕也没多少，如果有其他人加入，**每个人的不同兴趣和优势领域会给节假日带来更多的欢乐。**

    我们可以记住孩子在家经常聊起的小朋友的名字，在节假日时和其他小朋友的家人相约一起参加活动，可以利用相互沟通交流的机会，好好地和他们聊聊天儿，这样孩子的交际圈子也会扩大。

10 读懂孩子的身体语言
——从姿势中读懂他的心情并给予回应

语言是沟通的重要工具之一，但有些东西仅靠语言是无法表达出来的。特别是那些语言系统还未发育成熟的孩子，他们心中的情感会通过表情或姿态流露出来。**孩子的身体姿势是理解孩子内心的重要线索。**

日本法政大学的发展心理学家渡边弥生教授认为，父母要注意观察孩子的一举一动，并采取恰当的方式应对，这种习惯在培养孩子上尤为重要。

如何读懂孩子的一举一动？

■ **频繁地眨眼、哼鼻子、耸肩→调整生活节奏**

这些行为可能是身体不由自主地随意活动的抽动秽语综合征（简称抽动症）的表现。有5%的小学生会出现该症状，男孩的比例相对来说更高。抽动症多发于儿童刚入学期间，可能与大脑内的多巴胺和遗传因素有关。

一般来说，调节孩子的作息时间，让孩子早睡早起，轻松快乐地度过每一天,绝大部分患抽动症的孩子会在一年之内自然痊愈。如果强迫孩子改掉这些毛病,反而会适得其反,让病情更加严重。如果孩子的抽动症持续时间较长,可咨询相关的医生。

■ **经常一个人玩→和父母一块玩**

如果孩子总是一个人玩,可能他有时候也想和朋友一起做游戏,却不知道怎么招呼朋友,不知道怎么和朋友玩到一起。

即使父母常常把"**你该跟其他小朋友多玩玩**"的话挂在嘴边,孩子因为不懂方法也做不到。

这时候,父母可以喊来小朋友"一起玩",带着孩子进入小朋友的圈子里做游戏。这样,孩子就会模仿大人加入朋友圈子一起玩游戏了。

另外,让孩子多体验一下桌游或球类运动之类的多人游戏,感受到其中的乐趣后,孩子就会自然地多交朋友了。

父母一起进入孩子们的游戏世界

- **做出不良行为→先表扬做得不错的地方**

　　当你批评了孩子，而他还是不听话总是淘气搞破坏时，你要知道孩子可能其实是想引起父母的注意，看看父母会不会关心自己。

　　这时候，**我们要用简短的语言严厉地提醒孩子，而不是没完没了地说一大堆道理。**当孩子改正了不良行为，表现良好时，要及时地注意到孩子的变化，及时地夸奖孩子。

　　但是，如果出现会造成孩子自己或他人受伤的不良行为时，**我们要严肃地面对孩子，严厉地批评管教。**

- **缺乏朝气→体会帮助别人的小成功**

　　很多没有精神头儿、缺乏朝气的孩子总是把做不好事情归结为自己的能力不足，即使自己努力了也达不到目标。这种情况下，我们可以让他帮忙叠叠晒好的衣服、开饭时摆放一下餐具等，让他体会一下帮忙做家务的小成功，并真心地向他表示感谢。慢慢地，孩子就会喜欢去努力达成目标。

- **肚子疼、头疼、起不来**
　→先去医院，如果身体没有问题不必着急去解决

　　如果孩子告诉你他很难受，首先要带他去看医生。如果没有医学上的明确症状和疾病的话，可能是精神压力导致的不适。这时候我们可以像平常一样默默地照顾好孩子，不露痕迹地告诉孩子"有什么话别憋在心里，我随时都等着宝宝来说"，**不必着急去追问孩子，否则像审问犯人一样找原因会给他带来更多压力。**

11 跟孩子好好说话
——什么是最佳的说话方式？

有时候，大人越想让孩子听话，孩子就越想反抗。于是乎，大人情绪激动起来，孩子则激烈地反抗起来，双方你一句我一句地争吵起来，而大人把真正想告诉孩子的事情抛之脑后。这种对抗只能招致孩子的反感，最终以伤害他的自尊心收场。

但是，父母应该教导的话还是必须教导的。如果我们能了解有效表达的技巧，就能减少精神压力，相互尊重，建立良好的亲子关系。

师从首创亲子沟通法的儿童心理学家海姆·G.吉诺特博士的美国儿童心理学家阿黛尔·法伯和伊莱恩·玛兹丽施，前后用10年以上的时间做了很多次面向父母和孩子的研习会。

她们发现如果父母利用以下五个技巧，就能简单有效地和孩子沟通。(《如何说，孩子才会听，怎么听，孩子才肯说》)

法伯认为按照这几个技巧进行沟通，家庭里就会逐渐建立起父母孩子心交心的和睦氛围。

如何才能跟孩子好好表达？

■ **就事论事**

当孩子不小心犯错或者淘气捣蛋，甚至偷懒逃课时，父母总是忍不住斥责："说过你几遍了？！还是不上心！""一点儿也不负责！""没资格做××。"

其实，我们可以改变一下说话方式，先如实指出问题。

孩子被指责后往往会激烈反抗，那我们倒不如把事情原原本本地告诉他，让他想想什么应该做，什么不应该做，这样更有效果。实际上当你告诉孩子具体的情况后，他会主动地寻找解决方法。

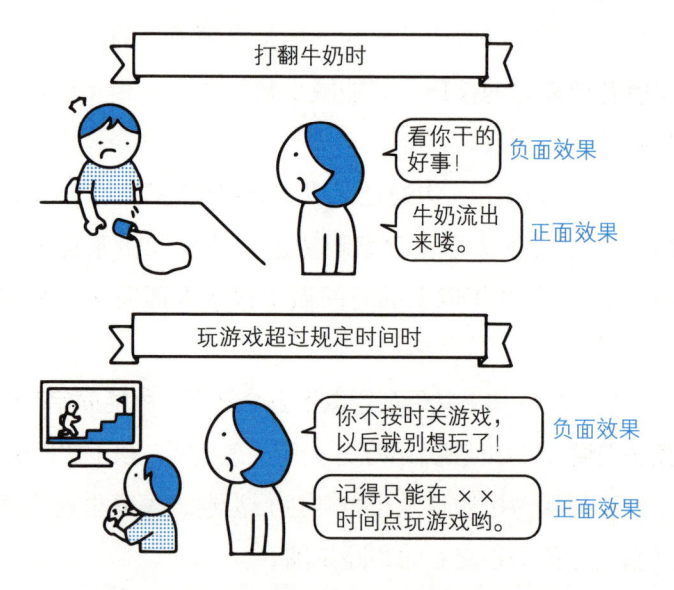

打翻牛奶时

看你干的好事！ 负面效果

牛奶流出来喽。 正面效果

玩游戏超过规定时间时

你不按时关游戏，以后就别想玩了！ 负面效果

记得只能在××时间点玩游戏哟。 正面效果

不大声训斥，而是原原本本地告诉他具体情况

- **给孩子具体的处理信息**

    不要责备孩子，而是要具体告诉他现在的行为会带来什么好的或坏的结果，比如说"你能来帮把手就太好了！""不放到冰箱里会坏掉哟！"等。

- **说话要简短有力**

    像孩子老是把袜子脱得东一只西一只、不守规矩等反复多次总是改不掉的毛病，我们不必长篇大论地唠叨训斥他，只需用简短有力的话告诫他即可，比如："袜子摆好！""去外面玩球！"这样的话冲击力强，很有效果。

    吉诺特博士认为"简洁明了的管教话语才威严有力"。

- **表达真正的心情**

    "我不喜欢！""真头痛！""太让人着急了！"……

    坦诚地表达自己的心情更容易传达信息。**重要的是要表达出具体针对什么，以及为什么会出现这种情绪**，这样孩子才会明白如何去表达自己的心情。

    比如说，可以这样表达：

    "妈妈太忙了，请你帮忙，如果你不来帮忙的话，妈妈会生气哟。"

    "爸爸工作要加班，没时间准备晚饭，你能帮我削萝卜皮吗？"

■ 把想法写下来

大人说了好几遍,但孩子就是听不进去,真是让人心累。其实我们可以把想说的话写下来,这样会更有效果。

把想说的内容写在纸上,贴在相应的地方。

紧急事件
妈妈有大麻烦
招募帮手

· 收拾桌子
· 洗平底锅
· 擦地板

累得不想说话时就把要说的话写下来贴起来

12 做争吵的仲裁人
——让孩子从争吵中学道理

1995 年荣获美国心理学会乔治·米勒奖的美国心理学家朱迪斯·哈里斯反对认为儿童成长是由父母和家庭决定的"教育神话",同时他证实了孩子可以在各种各样的团体活动中进行自主学习,而且外部世界对孩子的成长有很大影响。

哈里斯认为**孩子人格的形成主要受到朋友和同学的影响。**

除了在家庭中与父母密切沟通,孩子还需要与外界各种各样的人来往,甚至发生冲突摩擦,以此来切实培养沟通能力。

日本白梅学园大学专攻临床教育学的增田修治教授认为,**对于那些 3 岁到小学低年级的孩子来说,在与外界接触中产生的矛盾是非常重要的体验。**

在解决矛盾的过程中,孩子会哭泣或被惹哭,体会到打人和被人打的感觉,以及心灵和身体上的疼痛,逐渐学会控制力道。如果一个孩子没有吵过架动过手,不懂得恰当地使用力气,有时候突然出手会让别人受重伤。

增田教授说"**吵架也需要规矩和教育**"。他指出，父母对孩子吵架不是放任不管，而是要引导孩子明白一些道理。

怎么做争吵的仲裁人？

■ 明确必须遵守的"规矩"

我们必须**提前告诉孩子必须遵守的规矩，如绝不能给对方造成重伤。**比如说不能戳眼睛，不能咬人，不能打胯下或肚子，不能用指甲抓人，不能朝人砸东西等。必须让孩子清楚知道一不小心就有可能给对方造成一辈子的伤痛。

同时也让孩子注意措辞。如果嘲讽别人无法克服的缺点（如相貌或短处等），会给对方的心灵造成严重伤害。

■ 把要说的话全部说完

增田教授说："争吵其实是双方意见的碰撞，正因为如此，相互之间要把自己的主张想法说清楚，这是最重要的。"

让孩子把想说的话完完全全说清楚，等孩子心绪平静下来，大人要详细询问争吵的原因、反感对方的理由、怎样做才能避免争吵，让孩子思考争吵的前因后果，进行反思。

■ 争吵快过火的时候要马上制止

虽然孩子们的小打小闹很常见，但如果**小打小闹逐渐上升成暴力行为，大人要立刻严肃地进行制止。**

- **最后要和好**

如果孩子们彼此都表达出想法，并且都获得对方的理解，最后一定要让两个人握手言和。孩子在反复吵架和言和的过程中，逐渐学会什么事会伤害别人，如何做才能不惹怒他人，如何和朋友保持良好的关系，等等。

> 我要在明天体育课前学会倒挂单杠！

> 我也要玩单杠！

> 你们两个可以好好商量着玩。

听听双方的意见，鼓励他们协商

- **事后和孩子多聊天儿**

如果孩子吵架后变得更有攻击性，并且没有完全和对方和好，甚至心里依然不舒服，**可能除了引起吵架的直接原因外，孩子还有一些精神压力**，我们可以抽时间找孩子好好聊聊天儿。

13 控制情绪
——沟通的核心力量

孩子在成长的过程中要掌握好"向他人有效地表达内心情感"及"正确理解他人情感"的方法。

发展心理学家渡边弥生教授说孩子一般是**在和自己的家人、朋友、老师的日常交往中，或是从社区近邻的人身上学习到表达情感的技巧的。**

我们以前都是在耳濡目染中学会表达自己的心情的，如"真讨厌！""太恼火了！""好丢人！"等，同时也明白这些词语的意思及调节心情的方法。

渡边教授指出：近几年，随着少子化和小家庭化的加剧，邻里之间的关系变得淡薄，孩子们能一起玩耍的场所也渐渐变少。因此父母要有意识地教导孩子如何调控自己的情绪。

其实有很多大人虽然满腹才华，但就是因为情绪不稳定，或者不懂别人的心思、不理解别人，导致不能充分发挥自己的才能。

情绪调控是与人沟通的不可或缺的基础能力。只有掌握这种能力才能顺应与人合作解决问题的时代要求。

如何让孩子很好地调控情绪？

海姆·G.吉诺特博士说："当一个孩子的情绪积极向上时，他的行动也会变得积极起来。而帮助孩子保持积极向上情绪的方法就是接纳孩子的情绪。如果大人总是打击孩子，否定孩子，孩子就容易变得情绪紊乱，容易被激怒。更糟的是，这种打击和否定实际上是告诉孩子没必要明白自己的情绪。"

吉诺特博士门下的儿童心理学家阿黛尔·法伯和伊莱恩·玛兹丽施将10多年的调查结果总结成一种**尊重孩子感情的方法**。（《如何说，孩子才会听，怎么听，孩子才肯说》）

■ 集中注意力倾听孩子

一个人想要别人听他讲话，想引起别人的共鸣，是因为想向别人吐露自己的真实的感情。

特别要注意的是，当这种情绪是负面的消极的时，**如果一口否定或是一味地讲大道理，孩子就会觉得你不理解他，会与你越来越疏远。**

因此，当孩子跟你讲话时，**要停下手中的工作，集中注意力去听孩子讲**，而不是边工作边口头应付一下。法伯她们认为"孩子觉得最重要的是父母能对他的话有共鸣，专心地倾听他的话。"（参见"03 倾听孩子的话"）

- **用应和声接受孩子的情绪**

当我们听孩子讲话时,可以边听边时不时应和一下,比如"哎呀!""是吗?""是吧!""真是的!"等,**可以让孩子重新整理下自己的思绪或心情,找到解决方法。**

这时候如果我们对孩子追问、斥责或是提意见的话,孩子反而不会深究自己的情绪或是问题的本质,不会进行有建设性的思考或反省。

- **为情绪贴上标签**

如果父母仅仅抚慰一下孩子的情绪,只想"眼不见为净",无视孩子真正的内心,只会让孩子的情绪更不稳定。

父母面对孩子,要尝试用词语表达出孩子目前的情绪,比如"你看起来比较焦虑""你好伤感"等,为孩子现在的情绪贴上标签,**这样孩子就能明白自己内心的情绪,也会安静下来。**

当然,孩子有时候会反驳。法伯认为如果孩子反驳父母,父母只需要表示一下**共鸣,点点头,默默地在一边陪着孩子就行。**

- **一起做白日梦**

当孩子固执地要东西时,大人往往会正儿八经地跟孩子说道理。但很多时候,**孩子只是想让父母明白自己有多么想得到某个东西的心情。**

法伯说,父母可以给孩子描绘一个想象的世界,比如:

"要是有魔法能变出××就太好了！""如果这里变成××会怎么样？"在想象的空间里有利于孩子调控自己的情绪。

■ **客观看待情绪的强度**

另外，渡边教授称父母可以利用"情绪温度计"将孩子的情绪数值化，**让孩子认识到自己情绪的强度**，这样也有助于调控情绪。

比如说当孩子生气或焦躁时，父母可以把"想大吼大叫""想摔东西"的情绪定为10级，**让孩子看看自己现在的情绪到了哪种程度**。逐渐地，孩子就能客观地看待自己的情绪了。这种方法被称为"元认知"。

我们也可以教孩子如何处理相应的情绪，比如**"换换环境""深呼吸""喝水"**等，这样更容易调控情绪。

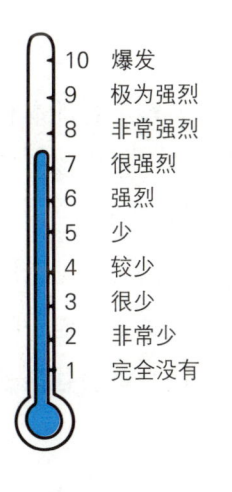

10	爆发
9	极为强烈
8	非常强烈
7	很强烈
6	强烈
5	少
4	较少
3	很少
2	非常少
1	完全没有

情绪温度计

父母可以问问孩子"按情绪温度计来说，你现在是什么程度？"，让他客观看待自己情绪的程度。

14 设置用手机守则
——防止孩子沉迷于手机

日本国际电信电话公司（现 KDDI）在 2018 年 11 月进行的调查发现：**以小学三年级为分界线，市区的小学生拥有移动电话或智能手机的人占到了一半以上。**

幼儿坐在小推车里看手机的情景在日本现在已经司空见惯了。对现在的小孩来说，手机已经是日常生活难以割舍的一部分了。

■ 培养孩子自身的判断力

熟知面向儿童的信息通信技术（ICT）教育的日本和歌山大学教职研究生院的丰田充崇教授说："比起让孩子远离手机或游戏，**更重要的是培养孩子的判断力。**"

致力于研究并治疗网游成瘾等网瘾病症的日本国家医院机构久里浜医疗中心的樋口进院长也呼吁，大人不能一味地指责有网瘾的孩子，逼着孩子乖乖听话，而是**要引导孩子本人关注到问题，让他主动地做出改变。**

如何制定用手机的规矩？

■ **写出手机的优点和缺点**

父母和孩子一起来写写手机的优缺点。比如优点是"能方便地和朋友联系""能马上查找自己不懂的知识"等，缺点是"对眼睛不好""妨碍学习""回复太麻烦"等。

要让孩子明白，很多看似是优点的方面，很多情况下也会变成缺点的诱因。

■ **共同决定什么时间用手机**

父母和孩子一起每天记录下用手机的时间，然后决定**从几点到几点可以用手机，每天用手机的时间有多长**。可以将平时和周六日分开来做规定。一起决定用手机的地方和放置手机的地方，只要是大家都能够到的地方就可以。

如果父母只给孩子定规矩，自己却24小时用手机，这就很难说服孩子。**因此父母和孩子要一起遵守定下的规矩**，也可以定下违反规矩的惩罚措施，如一天都不能碰手机等。

■ **告诉孩子严禁做什么**

让孩子认真地阅读并理解下面这些规矩：

・不要在网上留下自己的真实姓名、家庭住址、学校名称，不要上传试卷或通知书。

・不要浏览有关违禁药品、武器、暴力、色情的网站。

・不要在社交网站上骂人、抱怨或发牢骚。

・不要用社交软件发送个人或他人的私人信息。

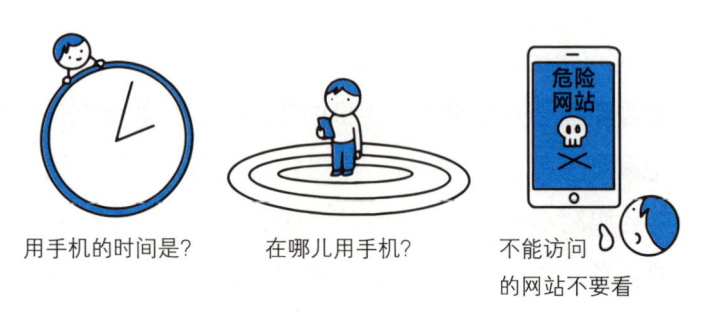

用手机的时间是？　　在哪儿用手机？　　不能访问的网站不要看

定下规矩，让孩子在大人视野范围内用手机

■ **不答应孩子的所谓"交易"**

如果孩子以学习的名义请求你延长用手机的时间，可以不予理会。父母也不要动不动就说"如果你用手机的时间少一点儿，我们就给你买××"。

一旦规矩被打破，孩子就会逐步地完全破坏规矩，提的要求也会逐渐升级。

另一方面，如果孩子渐渐地能进行自我管理了，父母要及时地给予夸奖。

■ **设置网络"过滤器"保护孩子**

当孩子还不能完全理解定下的规矩时，父母可以对网站进行浏览限制或者设置无法下载某些应用软件。

设置"过滤器"后，孩子上网的内容就受到了限制。随着孩子年龄的增长，父母可以逐渐松绑，培养孩子自身的判断力。

■ "电子排毒"值得一试

樋口院长说，现在有一种称为"电子排毒"的方法受到人们的关注。"电子排毒"指的是一段时期内完全不接触手机、电脑等电子设备。

"排毒"意味着"解毒"，就是**摆脱网络、关闭手机让身心休息的意思。**

樋口院长推荐父母在节假日时把手机或游戏机都留在家里，带着孩子走进大自然中，"让孩子用感官去充分感受大自然，从网络世界中挣脱出来"。

■ 如有网络成瘾倾向，及时咨询专业医疗机构

初高中生因网瘾而作息颠倒、逃课的情况越发严重。网游的设计很容易让人上瘾，**人一旦上瘾，掌握理性思维的大脑前额叶的机能就会衰退。**一旦这个机能出现问题，人就很难控制自我冲动或欲望，更加陷入上瘾的恶性循环中。

2019年，世界卫生组织正式将"游戏成瘾"列为一种疾病。如果孩子网瘾严重，一定要去专门的精神科看病。

15 召开家庭会议
——创造与孩子对话的机会

近几年,很多家庭出现一种现象:平时孩子要上学,父母要忙工作,没有时间聚在一起;好不容易到周六日大家都在家时,每个人却不是刷手机就是打游戏,相互之间说话的时间和内容越来越少。父母问孩子一点儿事情,孩子只回答"不知道""不清楚""我忘了",家人之间的对话越发显得没劲。

这种日常生活中的沟通不足也会影响亲子之间的信赖关系。

如果父母发现孩子出现一些不良行为,就着急地想向孩子问个清楚,孩子是不可能这么简简单单就敞开心扉的。

美国加利福尼亚大学尔湾分校儿童和青少年临床心理学家罗伯特·罗森塔尔副教授建议父母**定期召开"家庭会议"**,以加强家人之间的联系,构筑牢固的信赖关系。

在家庭会议中,那些不擅长表达自己的孩子会逐渐愿意发声,会更想向家人吐露自己的心声。

在家庭会议中一起庆祝节日或相互感谢致意,**这种和家人在一起分享幸福感和快乐的时刻也被称为"团建时刻"。**

如何召开家庭会议？

- **定在全员能出席的时间**

提前定好开会时间，如周五晚饭后或全员都在家的周六、周日等。

理想的开会频率是每周一次，**如果不行的话可以一个月开一次。**

- **提全员都能发言的问题**

开会时，提问的问题要让全员都能发言。让孩子当主持人，**孩子会觉得自己也是家里的一分子，这种被认可的感觉能培养他的自尊心。**

主持人可以用下面的句子进行提问，鼓励别人回答问题：

· 这周过得怎么样？

· 下周有什么计划？

· 下周有什么目标？

· 家人为我做了什么有爱心的事？

· 我为家人做了什么有爱心的事？

· 下次旅行想去哪里？

· 现在想要什么？

另外，也可以说说自己的心里话，问问题、提请求、定规则，或者讨论下个周六日的计划。

- **分配好家务活**

家庭也是一个小团队,孩子也是这个小团队中不可或缺的战斗力。大家可以一起商量哪些家务由谁来负责,分配好任务。

准备好问题,让孩子担任主持人

- **让会议内容可视化**

可以把家庭会议上商量好的事,比如每个人的目标或分担的家务、遵守的规矩写在纸上或白板上,使其可视化。

- **最后准备好"欢聚项目"**

如果开会时间过长,说教说得没完没了,反而会适得其反。如果家人之间刚吵过架,气氛紧张,**可以换个地方开会,比如到外面去边散步边说话**。会议最后可以适当准备一些游戏、美食、电影等让家人一起欢聚的项目,让整个家庭会议在欢快的气氛中结束。

16 让孩子问好致意

——不是强制性的，而是享受的

我们在日常生活中每天都要和别人打招呼问好，这是世界惯例，也是人与人沟通的切入口。

心理学上有个现象被称为"曝光效应"，是指**"重复多次接触一个人或事物，就会增加对其的好感度和好印象"**，也被称作"单纯接触效应"。

打招呼问好恰恰是曝光效应的体现。从小就养成与人打招呼问好的习惯，**对长大后接触各种各样的人大有裨益。**

在以前，同一个地方的孩子很多，左邻右舍、亲朋好友相互来往也比较频繁，孩子也有很多机会去和各种各样的人打招呼问好。孩子在这种环境下自然而然地学会了如何与人打招呼。

现如今亲戚邻里之间的关系日渐淡薄，**寒暄问候的机会少之又少。**因此我们大人要有意识地教孩子如何跟人打招呼。

如何让孩子打招呼？

- **父母做榜样**

孩子对父母的一言一行非常敏感，他们每天无时无刻不在观察着周围的情况，也会观察父母在不同场合怎么和人打招呼。

因此平时父母要有意识地相互打招呼，**如"早上好""我走了""我回来了""欢迎回家""我开动了""谢谢""对不起""晚安"** 等。

- **让孩子回应别人的问好**

相互问好其实是告诉别人"我看见您了"，也让别人知道"我在这儿"。要教导孩子必须回应别人的问好。

不回应别人会被认为没有礼貌，相当于告诉别人"你在不在都无所谓"，是对别人的一种精神伤害。打招呼是相互沟通的基础。

- **带上感情和孩子打招呼**

寒暄问候在日语中写成"挨拶"，其中"挨"指的是打开心扉，而"拶"指的是亲近对方。因此在问好致意时，注意要正面看着对方，带感情地打招呼。

如果我们跟孩子打招呼时，能亲昵地摸摸他或者和他击个掌、抱抱他，他会感到非常高兴。

如之前讲过的一样，亲密接触能促使人脑分泌催产素，给予身心积极的影响。(参见"05 重视亲密接触")

■ 孩子做不好也不责怪

当孩子没有向别人问好时，父母多半会觉得孩子"太害羞了""不大方"。如果因此就训斥孩子，逼着孩子去打招呼，容易引起孩子的反感，甚至会让他觉得跟别人打招呼是件苦差事。有的父母还拿别人家的孩子来做比较，责怪自己的孩子不懂事，这也会起到反效果，让孩子越发害羞怯场。

如果自己的孩子怯于打招呼，那父母可以提醒他："等××小朋友来了，你最开始要说什么，记得吗？"让孩子心里做好准备。如果孩子能顺利打招呼，即便声音细若蚊鸣，也要为他高兴，最重要的是不要着急，配合孩子的节奏。

孩子没做好也不要责备，做到了就好好夸奖

17 锻炼"演说力"
——让孩子掌握"说话的套路"

很多人在公共场合都怯于发言。但是给大约 1.9 万人培训过自我展示技巧的竹内明日香曾经断言:"出色的演说靠的并不是什么能力或天赋,而主要是'技巧',**就像练肌肉、学乐器一样,只要肯练习谁都能做好**。"

美国的幼儿园和小学设置了展示与讲述(Show & Tell)活动。在这个活动中,孩子有很多机会锻炼"演说力"。

在这个活动中,孩子会把家里自己喜爱的物品带到学校,在同学和老师面前讲述**"这是什么东西""我从哪儿得到的""我特别喜欢它的哪些地方"**等。等孩子讲完之后,老师会询问大家有没有问题。其他孩子会争先举手问问题。

讲话的孩子认真准备内容、练习讲话、正式发言并认真回答问题。听讲的孩子认真听讲,热情提问。**在这种交互练习中"演说力"就被锻炼出来了。**

在家庭中形成的小习惯也能培养孩子的"演说力",增加自信心。

如何锻炼孩子的"演说力"？

- **吃饭时和孩子对话**

要锻炼演说力，像练习乐器一样每天做训练才有效果。因此，我们可以利用一家人吃饭的时间。吃饭时定个讲话主题，如"今天过得怎么样？""觉得哪件事情最有趣？"等。

竹内女士说："如果孩子讲话时父母有没听懂的地方，先不要打断孩子，等他讲完之后再向他确认即可。"如果在孩子讲话时能时不时地附和一句"真不错！""太有趣了！"之类的话，孩子讲话的兴趣就更足了。

- **让孩子清楚发音**

如果孩子好不容易等到机会去演讲，听众却听不清内容，这次机会就算是白白浪费了。因此**平时就要让孩子做发音练习**。如果孩子讲话的声音太小，要及时地提醒孩子提高音量。

- **看着孩子的眼睛讲话**

被称为演讲天才的美国前总统奥巴马在其总统就职演讲中与观众"眼神接触"的时间约占演讲时间的一半。父母要注意，在平时说话和倾听时也要看着孩子的眼睛。

- **提高孩子的词汇量**

竹内女士说："如果演讲时用词丰富，观众的兴致会陡然提升，甚至有压倒性的效果。"通过平时良好的读书习惯**积累丰富的词汇，提高表现力，也能提升自己的演说力。**

希望父母能在平时和孩子的日常对话中偶尔使用一些孩子不熟悉的成语、谚语等，这些新鲜的词汇会在孩子脑中留下痕迹。也就是偶尔"扔出较高水准的球"，引起孩子的好奇心。

■ **让孩子会用"套路"**

如果突然被人拉去演讲，也许很多人都会有点儿手忙脚乱。其实只要按照某些"套路"，演讲就变得容易多了。比如按"点题""正文""收尾"的结构来演讲，就比较容易进行。（参见"67 书写③"）

今年暑假想去哪里？

点题
"今年暑假我想去伊豆。"
正文
"爷爷奶奶可以悠悠闲闲地泡温泉。"
"爸爸妈妈享受美酒美食会特别高兴。"
"我最喜欢和妹妹在海里玩一整天。"
收尾
"所以我希望夏天去伊豆旅游。"

让孩子用简洁的套路尝试演讲

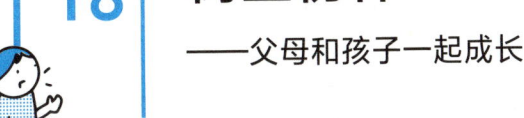

18 树立榜样
——父母和孩子一起成长

《好父母才是好老师》一书中有两句很有道理的话：

"孩子总在观察着父母。"

"父母是孩子人生中第一个遇见的，也是最具影响力的'榜样'。"

一个人从婴儿时期就开始具备模仿力，他在模仿周遭人的过程中逐渐融入社会。

父母如何树立榜样？

- **注意说话措辞**

孩子总是观察着父母在什么时候说什么话、用哪个词。

父母要注意自己平常有没有只顾自己滔滔不绝地说话，完全忽略对方的行为；有没有伤害别人，对别人严加斥责，凶恶地挑衅别人的言辞；有没有消极地打击别人，从不鼓励别人相信别人的话语。

父母的说话措辞不仅会影响孩子以后的言行举止，也会对孩子的心灵带来影响。

■ **尊重他人**

孩子也会观察父母是如何对待自己的家人、近邻或是陌生人的。

比如说,在路上碰见熟人有没有打招呼问好,去买东西有没有对服务员蛮横无理,有没有见风使舵势利眼,有没有不分担家务还给家里添乱,等等。

大人在家庭或社区等小范围内的言行举止对孩子有莫大影响。

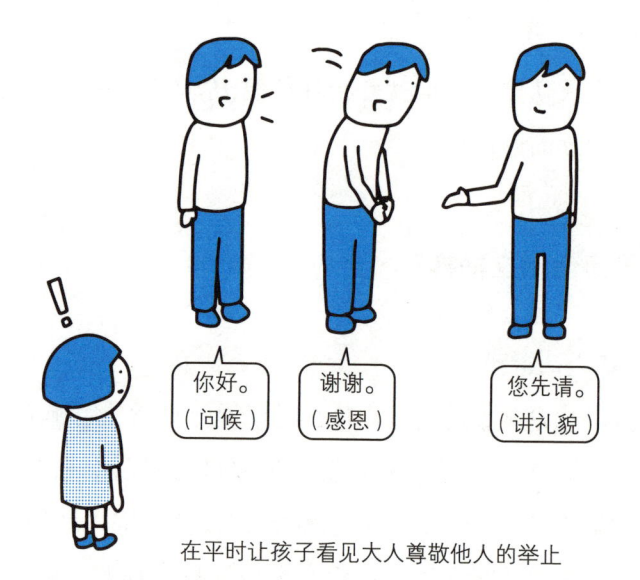

你好。（问候）

谢谢。（感恩）

您先请。（讲礼貌）

在平时让孩子看见大人尊敬他人的举止

■ **让孩子看看父母如何面对失败**

当孩子看见父母努力工作,帮助他人,对别人产生积极影响时，**他也会受到鼓励，充满勇气。**

同时，父母失败时，请不要隐藏自己的失落丧气，反而应展现自己从失败中重新站起来乐观面对生活的态度，孩子会因此受到鼓励，不惧失败，打起精神重新挑战困难。

■ **注意身体**

如果父母想让孩子不挑食，不熬夜打游戏、玩手机，那么**父母自己要先做好表率。**

比如说家人一起吃健康的食物，父母也缩短看电视、打游戏、玩手机的时间，外出散步或骑行，制订外出游玩的计划，等等。

■ **心平气和地沟通**

当孩子发脾气、焦躁哭闹时，**父母应该先深呼吸，等情绪平静下来再和他说话。**

不过有时候父母不会这么心平气和，会控制不住地大声责怪甚至严厉地训斥孩子。如果发生这种情况，**父母一定要虚心地承认错误，向孩子道歉。**这也是作为父母给孩子树立榜样的重要举动。

第 2 章

培养思维力

最大限度地增加孩子的思考机会

19 让孩子找到兴趣点
——无机会，无兴趣点

哈佛大学科技创业中心的第一代研究员托尼·瓦格纳博士曾说过："像比尔·盖茨、史蒂夫·乔布斯、马克·扎克伯格等著名创业者，他们小时候并没有一个'虎妈'（斯巴达式的严厉母亲）在背后鞭策驱动着他们熬夜编程搞软件。**驱动他们的是内心的热情。**"（《创新者的培养》）

瓦格纳博士对创新人才以及他们的父母、老师、顾问（指导人）进行了150多人次的采访后发现，**他们说得最多的一个词就是"热情"。**

临床心理学家约瑟夫·布尔戈博士认为比起追逐名望和金钱的人，**那些带着纯粹的热情专注于自己喜欢的事情的人更容易获得成功。**

让人忘却时间沉浸其中的热情会激发更多的好奇心、更加上进的心劲儿，并使人为此努力提升自我深入思考的能力。

如何让孩子找到自己的兴趣点？

■ 关注没有体验过的事

如果你问一个孩子："你喜欢做什么事情？"孩子有可能会说自己没有什么喜欢的事情。

研究创造性和创新性教育的英国华威大学荣誉教授肯·罗宾逊爵士曾说过，这其实和有无"机会"密切相关。（《发现你的天赋》）

他认为，如果孩子现在并没有什么特别能投入的事，父母可以让他体验一下之前没有做过的事，让孩子**积极地敞开心扉，尝试新事物。**

■ 了解孩子的行动

罗宾逊爵士说，要找到孩子的兴趣点，可以将他的日常行为路径"可视化"。**父母大致写出孩子上学、练习、玩耍、吃饭等事项后再进行细化**，比如说孩子上学的时间、练习的项目、玩耍时做什么等。

■ 找到孩子能特别投入的事情

然后父母对比各类事项，**将孩子喜欢的、不讨厌的、讨厌的事项用不同的颜色进行区分。**那些孩子做起来兴致勃勃的事，可能就是孩子的兴趣点。

有时候孩子的"擅长点"和"兴趣点"正好重合。哈佛大学商学院的名誉教授，社会心理学家特蕾莎·M.阿马比尔曾指出："有很多人拥有绝世才能却总是一事无成。"

无论是大人还是孩子，**当他的内心涌出一股强烈的冲劲儿时，他会竭尽全力取得成功。**阿马比尔认为成功与热情有着紧密联系。

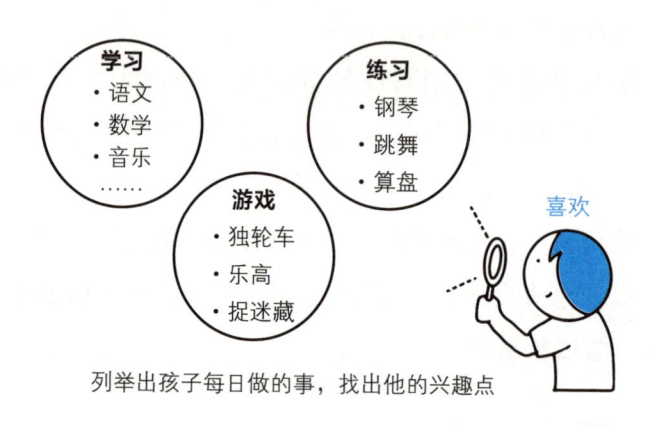

学习
・语文
・数学
・音乐
……

练习
・钢琴
・跳舞
・算盘

游戏
・独轮车
・乐高
・捉迷藏

喜欢

列举出孩子每日做的事，找出他的兴趣点

■ **不拘泥于一件事**

中岛幸子女士是第一位夺得国际数学奥林匹克竞赛金牌的日本女性，她现在既是数学家，又是活跃在音乐界的一名爵士钢琴演奏家。她说时代已经发生了巨变，已经从之前"鼓励每个人深挖各自领域的时代"转变为"**加强不同领域的联系并与其他领域的专家进行通力合作来发现新知识的时代**"。

让大脑在各种不同领域中得到磨炼，吸取不同事物的不同看法，这种体验就是创新的初体验。

中岛女士说未来的教育要求我们不能局限在某一个"兴趣点"上，而要挖掘多个领域，进行横向发展。

20 打磨"观察之眼"
—— 提升孩子与生俱来的能力

"你们总是在看，却没有在观察，看与观察有很大区别。"

这是夏洛克·福尔摩斯的名言。看待事物不是被动地接受，而是积极地去关注观察，这才是神探夏洛克的惊人推理能力的主要来源。

近几年商业领域也兴起了"观察"法——发现市场新需求和新课题的方法。

也就是说，获得商业先机不只是利用问卷调查等市场调查手段，还要深入人们的日常生活或环境中，仔细观察人们的言行举止，读取其潜意识信息。

■ 孩子有敏锐的观察力

实际上，**孩子一出生就有非凡的"观察之眼"**。但现代教育经常被人诟病的是，很多问题都被限定了答案，让孩子去求唯一的解，这反而让孩子天生的"观察之眼"越发暗淡了。

若按神探夏洛克的名言所说，打磨孩子的"观察之眼"，促使他寻找到适合自己的课题，就能让孩子获得新的启发。

如何磨炼"观察之眼"？

■ 详细聊聊每天的事

父母可以每天问问孩子当天发生了什么事。如果孩子能组织语言描述一下自己看见的或感受到的东西，日积月累，孩子就会慢慢有意识地去注意每天微妙的变化。

这个时候父母偶然提一句"为什么会这样？"，孩子内心就会产生一些好奇心，想要主动地积极地去观察这些事物。

■ 带孩子外出

要打磨孩子的"观察之眼"，外出活动是最佳方式。特别是大自然中有很多不一样的刺激。**每天去同样一个地方也没关系，因为四季的景色各有不同。**

■ 和孩子玩桌游

如果不能外出，我们可以和孩子玩桌游，孩子会思考怎么才能赢得比赛，如何抓住每次的机会。**他自然而然就会以全局观念来看待整个比赛。**这也是打磨"观察之眼"的好方法。（参见"25 和孩子玩桌面游戏"）

■ 养成记录的习惯

美国史密森学会的博物学家推荐中小学生记录"自然日志"。日记是情感的记录本，**这种自然日志则是记录自己在周边的自然中的小发现。**

孩子可以将自己看见的东西通过画画或拍照片的形式记录在自然日志中，再简单说明一下。**在这个过程中孩子也能提高写作能力。**

实际上史密森学会专业的博物学家每天记录的**事物和孩子们每天写下的东西基本没什么本质区别。**但是自然界细微的变化，即便是小到让人怀疑是否真的有用的小变化，日积月累地进行记录的话，也会产生和世界著名的史密森学会发现的一样的令人惊讶的庞大研究或采集成果。

2020年10月10日

天气：晴朗
温度：17℃
湿度：62%

天上的云朵像绵羊一样成群结队，洁白洁白的，看起来软绵绵的。

"自然日志"的对象，只要是自然事物都可以。日积月累，就能磨炼出善于观察自然的眼睛。

21 问开放式问题

——灵活使用"为什么""怎么做""如果"

"问题"一般可分为两种类型。

一类是**封闭式问题**,即事先设计好了可能的答案以供选择的问题。比如"今天在学校高兴吗?""饭菜好吃不好吃?"等。孩子只需"嗯""还可以"等一两个词就能简单回答完。

另一类是**开放式问题**,即答案不固定、不唯一的问题。比如"今天在学校有什么高兴的事?""饭菜里面什么最好吃?"等,**基本上不同的孩子有不同的答案。**

当孩子问问题时,我们可以用"你觉得那是什么呢?""到底是为什么呢?"等**开放式问题反问,促使孩子进一步开动脑筋思考。**

另外,开放式问题能让孩子讲更多的话,父母也会听更多的话。父母听得越多,孩子就会越信赖父母,自然会越讲越多。

同样,大人不能只回答是或不是,在表达具体想法或内容时,必须在大脑中稍作整理再讲出来。

开放式问题能提高孩子的思维力。

如何向孩子提问开放式问题？

■ 提问内容积极向上

父母可以试着把自己经常对孩子说的话换一换：

"赶紧做 ×× ！"
→ "你想想，为什么你必须做 ×× ？"
开放式问题类型 1——"为什么"型

需要强调的是，用"为什么"型问题时，如果使用了否定词就会收到反效果。 如："你为什么搞不懂？""为什么不按我说的做！"孩子被这种否定词责备，反而会找借口，父母自然更加恼火，结果陷入不良循环中。

这时候，首先要安抚孩子："我明白你不想做 ×× 的心情。" 然后抛出问题："那你想想为什么咱们必须要做，我和你一块儿想吧。"

"为什么这点儿东西你都不懂！"
→ "怎么做你才能把这个东西弄懂呢？"
开放式问题类型 2——"怎么做"型

这时候也不能逼问孩子"应该怎么做"，而应**亲切地拍拍他："想想你怎么做才能学会。"**

在谷歌等公司，人们常常使用"HMW 法"——用"How might we?"（我们怎么做才能成功？）的句式进行提问。这种方法可以有效地促使双方合力想出对策。英语中的"might"含有"也许""可能会"的意思,也是让员工站在"答案不止一个""接受各种各样的奇思妙想"的角度上考虑问题。

"为什么你搞不懂?"
→"如果 ××,会怎么样呢?"
开放式问题类型 3——"如果"型
"为什么你搞不懂?"这种责问会打击孩子的自信心。当看到孩子烦恼时,可以用"如果 ××"的句式进行"点拨",孩子会发现解决问题的新线索,也会打起精神去思考更好的解决方法。

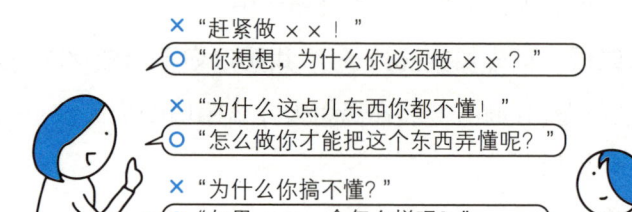

× "赶紧做 ××!"
○ "你想想,为什么你必须做 ××?"
× "为什么这点儿东西你都不懂!"
○ "怎么做你才能把这个东西弄懂呢?"
× "为什么你搞不懂?"
○ "如果 ××,会怎么样呢?"

问问题时要引出孩子探索问题的意愿

■ 把想法写在便签上

把孩子的各种想法逐个列出来写在便签上,可以加深沟通,培养孩子的思维力。

22 创造让孩子思考的契机
——如何对话才能促使孩子思考？

为推进应对全球化趋势的人才培养，日本文部科学省面向中小学生的教育课程中有一门课程叫作"国际中学毕业会考"（International Baccalaureate，简称IB）。

IB课程已经在全世界150多个国家和地区的约5000所批准的学校实施。这个课程的特征是对话型授课——**反复地提出"为什么"，让学生深度分析问题。**

很多IB课程的毕业生现在已成为创业者等社会"创变客"（变革者）活跃在世界舞台上。一个教授这种课程的老师曾经讲过一番令人记忆犹新的话：

"大家都想知道正确答案。考试前大家总是问我考什么。在'应试学习'中，大家总是为了正确答案而苦思冥想。但是，IB课程认为'只要有依据，就属于正确答案'。因此，IB非常重视'自己的意见是什么''为什么这么想'的思考。"

在IB课程中，老师不只是"教授者"，更是和学生一样的"学习者"，课堂的主角是孩子们。**IB课程的理念是提升孩子自主思考、自主决断、自主行动的能力。** 思维力不是靠教导和指示，而是靠给予孩子自主思考的契机去培养的。

如何创造思考契机？

- **不提供正确答案**

孩子提问后我们不必马上给出答案，可以反问："你是怎么想的？"或者回答："我在考虑这是为什么。"**追求答案的迫切感无法获得满足就成为孩子思考的契机。**

当孩子不愿意主动思考，我们可以和孩子一起查资料，一起思考，让他体会"追求答案的过程"，而不是简单地"得到答案"。

- **让孩子提问**

让孩子多问问题。如果他不提问，我们可以说"爸爸（妈妈）是这么想的，你自己觉得呢？"来主动引出问题。

孩子会模仿大人说话。调查结果发现，**那些经常提问的孩子，他们的父母也会经常问孩子问题。**

- **故意反驳孩子**

为了活跃辩论或讨论气氛，可以设置一个"恶魔代言人"的角色。这个角色的作用就是针对多数人的意见进行反驳，也可以为孩子创造出深入思考的契机。**针对孩子的发言，直接质疑"这是真是吗？"，并故意提出相反的意见。**

> 地球肯定是圆的。

> 真的吗？那为什么地面是平的？

面对"理所当然"的观点，提出反驳意见，创造孩子深入思考的契机

■ 让孩子决定规则

孩子不听话主要是**因为他不理解父母**。当我们命令孩子"快点去做××！"，他却毫无动静时，可以趁机把这件事当作一个让他思考的契机。**告诉孩子父母的心声，让他来决定做与不做。**

比如说当孩子沉迷于游戏时，你告诉他"这样会熬坏眼睛的，我很担心你！""你不怎么跟我聊天儿了，真难过！"，**并让他告诉你打游戏的好处和坏处**，同时让他决定玩游戏的规则。

这个过程其实需要时间，但是相对于逼迫和强制手段，让孩子在理解的基础上自己定下规则，更容易改变现状。

23 让失败变成成长的种子
——相信孩子,让他重新站起来

爱迪生曾经说过:"我没有失败,我只是发现了一万种不成功的方法。"我们现在所生活的这个世界的文明,其实是我们的祖祖辈辈在反复试错中提炼出来的。

然而在家庭和学校教育中,孩子却常常没有充分的机会去失败和反复试错。日本东京大学名誉教授畑村洋太郎致力于研究一种叫作"失败学"的新学问。他认为很多没经历过挫折、人生一帆风顺的东大学生有恐惧失败的倾向。因此,他把失败比喻成"预防针",提倡父母应该让孩子多经历失败,**让孩子的身心产生名为"失败"的抗体。**

如何将失败转化为"成长的种子"?

- **不为孩子铺路**

人们把一些过于担心孩子失败而提前将障碍物排除的父母叫作"直升机父母"。这些父母的行为**只会让孩子越来越丧失前进的动力。**

美国玛丽华盛顿大学 2013 年的调查发现：那些直升机父母培养的孩子很容易患上抑郁症。

畑村教授说："失败看似是绕了远路，但其实从失败的地方重新探索答案，在这个过程中，**人才能掌握灵活应对未来各种状况的真正力量。**"

■ 向孩子吐露大人的失败经历

为了让孩子不再恐惧失败，不再介意周遭的眼光，父母可以向他吐露自己经常做错的事情或自己是怎么从失败中爬起来的，这样会收到很好的效果。当**孩子看到父母从容对待挫折、对失败一笑而过的态度**时，他们也会不再恐惧失败。

■ 让孩子定目标

对于那些孩子喜欢的事物和感兴趣的东西，可以让他自己定目标。这样一来，即便是中途失败，他也会继续奔着目标前进。

■ 不对孩子说："你要更努力！"

孩子失败时最难过的是他自己。这时候再督促他，再让他加油努力，只会让他有种走投无路感。畑村教授认为："父母能做的是为他准备好美味的饭菜，让他恢复身体能量，相信孩子，默默地守护他。"

■ 让孩子明白"失败 = 改善的机会"

美国斯坦福大学发展心理学家卡罗尔·德韦克教授说，**那些将失败看作"改善契机"的人在失败之后会依然坚持不懈地继续挑战困难。**

我们不要只用才能或结果来评价孩子，要多多夸奖孩子坚持挑战困难的过程，这样孩子自身也会鼓起勇气，告诉自己："自己功夫还没下够，只要努力一定会成功！"

■ 让孩子养成反省的习惯

在德韦克教授的实验中，当孩子听到"还有没有更好的方法呢？"，他就会主动地思考改善点，会更加努力达到目标。

畑村教授认为在孩子失败时，家长不是直接给他"正确答案"，而是**让他回想自己失败的过程，让他反省自己到底错在什么地方。这是很有必要的。**

当孩子失败时，让他思考原因

24 增强孩子深入探索的求知欲

——更多地关注过程而非成绩

日本东京大学的心理学家白水始教授曾说过："每个人天生就有'在反复试错中学习的能力'。"遗憾的是，**如果孩子只被人夸成绩好，他的学习意愿反而会降低。**

原本孩子会出于单纯的"快乐"而努力达到目标。如果父母只夸奖成功的结果，却忽略其努力的过程，**这种夸奖和奖励反而伤害了他快乐的感觉，**因为他心里会觉得："爸爸妈妈只看见了分数。""原来自己做这么多就等于这个奖励而已。"

心理学家克劳迪娅·穆勒教授的团队在以某小学的学生作为"夸奖对象"的实验中发现：当经常夸奖孩子的天生能力（聪慧）时，他们逐渐丧失了学习意愿，成绩出现了下降。

白水教授说："父母不能只关注结果（分数等），更重要的是关注到孩子努力的内容及孩子的努力本身。"

当父母更加详细地询问孩子思考的内容，更加关心孩子独特的想法和解决问题的方式时，孩子自然而然地会努力深入挖掘思考的内容。

如何提高孩子"深入探索"的积极性?

■ **各种事情都可当作孩子"前进的脚步"**

简单地说,"学习就是把以前不懂的东西弄懂",因此,失败也是成长的一环。当孩子的成绩不理想时,一起跟他回顾:"到底哪里做得不足?""哪里出现问题了?"等孩子开窍时,就马上鼓励他:"弄明白了真厉害!""哎呀你又向前迈进了一步!"这样既不会伤害孩子的自尊心,又会提高他学习的积极性。

■ **向孩子提问**

尝试向孩子提出各种问题,如:"为什么?""你自己怎么想的?"当孩子被问到时,他就会发现自己哪里理解不到位,主动思考自己想要的东西、应该做的事情。但是,父母提问时,要避免只问结果的问题。(参见"21问开放式问题")

促使孩子主动开动脑筋思考

- **联系父母擅长的领域来和孩子聊天儿**

对于孩子正在努力的东西，父母可以将其和自己喜欢的领域挂钩来展开对话。

对话的内容可以不限于孩子目前感兴趣的东西。可以利用各种各样的事物来点拨和启发孩子，让他扩大视野。孩子会在大脑中思考各种事物的联系，并从各种角度观察研究事物，培养柔韧灵活的思维力。

- **多接触专家**

父母不必做个万事通。所谓"闻道有先后，术业有专攻"，父母回答不上来的问题，可以问问专业人士，这也是为孩子好。

对于孩子感兴趣的领域，**父母可以找找身边比自己擅长的人，创造孩子跟专家交流的机会。**

现在人们可以在社交媒体上问问题，也有很多研究人员和专家会和网友交流。

父母也能通过社交软件直接和专家接触，为孩子咨询问题。

多多让孩子接触各种科普节目或者书籍，学习专业知识，可以刺激孩子的求知欲。

25 和孩子玩桌面游戏
——让他沉浸其中，开动脑筋

对于现在的父母来说，最为头疼的也许是孩子总是"没完没了地看短视频"或者"热衷于玩网游"。因此，现在棋牌等桌面游戏再一次受到关注。

孩子在玩这些游戏的过程中，怀着很大的热情，通过对话增强沟通力，整理分析当前的状况并做好计划，提前考虑好下一步动作，揣摩对手心理，锻炼大脑的思维力。**最后分出胜负，游戏就结束了，这也是模拟游戏收尾干脆利落的魅力。**

很多桌面游戏很有吸引力，不只是孩子，大人也会很着迷，有的游戏甚至能让祖孙三代一起尽情玩耍。

专门研究利用游戏解决教育等社会问题的东京大学的藤本彻讲师按照操作难易度给大家推荐了目前比较受欢迎的几款桌面游戏。

有哪些不错的桌面游戏？

■ **奥尔高卡牌**

这是由日本算术奥林匹克委员会成员、国际数学奥林匹克大赛金牌得主皮特·弗兰克团队开发的数字推理游戏。玩家要根据自己手中的已知数字推测对手卡牌上的数字。

游戏中有 24 张卡牌，包括写有 0~11 数字的黑、白卡片各 12 张。每个玩家按照规则抽取卡牌，并按从左到右数字从小到大的顺序将手中的卡牌数字向下放在桌子上。若数字相同，则黑色牌在左，白色牌在右。玩家轮流猜其他玩家的牌。被猜中所有卡牌数字的玩家淘汰。最后一个未被淘汰的玩家获胜。这个游戏可以锻炼推理能力和逻辑能力。

■ **大头娃娃（Toddles-Bobbles）**

这个游戏来自俄罗斯。游戏有 12 种大头娃娃卡牌，共 60 张。玩家轮流翻牌，给新翻到的娃娃随机起名字，如果翻到已出现的娃娃卡牌，最早喊出该娃娃对应名字的人拿走桌面上已翻开的所有卡牌。然后游戏继续。最后获得卡牌数量最多的玩家获胜。游戏规则很简单，谁记忆力好谁赢。

玩游戏时，可以给卡牌起搞笑的名字，或者起个复杂的不容易记住的名字。这是一款老少皆宜，全家都能玩得尽兴的人气游戏。

■ **叠叠乐**

玩家要从长方体积木搭成的高塔中依次单手抽出一块积木，并将其放置于高塔顶部，谁放积木时高塔倒塌谁就被淘汰。

这个游戏规则特别简单，也容易尽兴，很适合父母和孩子一起玩。

- **角斗士棋**

  这款来自法国的棋盘布阵游戏曾获得巴黎年度玩具奖、戛纳国际玩具展销节奖及日本年度最佳玩具奖等众多大奖。

  游戏共有蓝、黄、红、绿四种颜色的不同形状的棋子。每个玩家选一种颜色，轮流将棋子一个个放入棋盘。**每一个棋子只能和同色棋子的棋角相连放置（不能沿棋边相贴放置）**。最后在棋盘中放置最多棋子的玩家获胜。

  角斗士棋

  比赛放置棋子的游戏，规则简单易懂
  可在亲子时间玩的轻松游戏

- **旅行游戏**

  游戏地图上有各地地名、位置、交通工具、特产等要素，除此以外，还需要玩家进行金钱计算等。孩子在欢乐的游戏中也能顺便学习知识。另外，还有世界旅行、宇宙旅行等内容更丰富的桌面游戏。

■ 大富翁

这是收购土地或铁路、建设住宅或酒店来增加资产的桌游。这款游戏有 80 多年的历史，**甚至还举办过世界级锦标赛，是一款受到全世界玩家喜爱的高人气桌游。**

大富翁的英语名是"Monopoly"，意为"垄断"，玩家让其他人破产即获胜。父母可以和孩子互为对手，双方认真交手。**在全家参与游戏娱乐的同时，还能培养孩子的谈判能力、判断力、计划能力。**

■ 卡坦岛

这款德国的棋盘布阵游戏也是受到全世界玩家欢迎的高人气桌游，和角斗士棋一样获得了众多奖项和荣誉。

玩家以无人岛为舞台，收集资源、建设家园，用获取的资源增加阵地。

游戏的主要特征是地图有多达两万亿个变化，每次玩都能享受不同的变化。在游戏过程中，玩家之间要交换资源，如何把握双方的利益关系还要看个人的交涉能力。

26 培养孩子正确的金钱观
——让他体验自己管理金钱

夏天，在美国常见的一道风景是"柠檬水小摊"——孩子制作柠檬水，拿到家门口售卖来赚零花钱。孩子自己会思考如何赚钱，以及决定赚到钱之后是花掉还是存起来。有时候他们也会把钱捐给学校或慈善团体。

另外，他们从小就开始积极**思考如何赚钱**的问题，并且在高中可以在专门教授金融或投资的课堂上学习相关知识。

世界著名的投资者沃伦·巴菲特曾说过：**"从小养成的金融习惯依然会影响成年之后的金融观。"** 他认为没有金融头脑的人成不了成功的创业者。

在日本，养老资金也常常受到热议。时代要求我们更加注重保护并增加自己的资产，做到有备无患。**从小培养金钱观**，对孩子未来的发展不可或缺。

如何培养孩子正确的金钱观？

- **告诉孩子"零钱教育五条"**
  专注理财顾问、进行儿童金钱教育启蒙的非营利性组织

"money-sprout"的创立者羽田野博子女士提出了培养孩子金钱观的"**零钱教育五条**"。她认为父母让孩子从小体验以下这五点内容是很重要的：

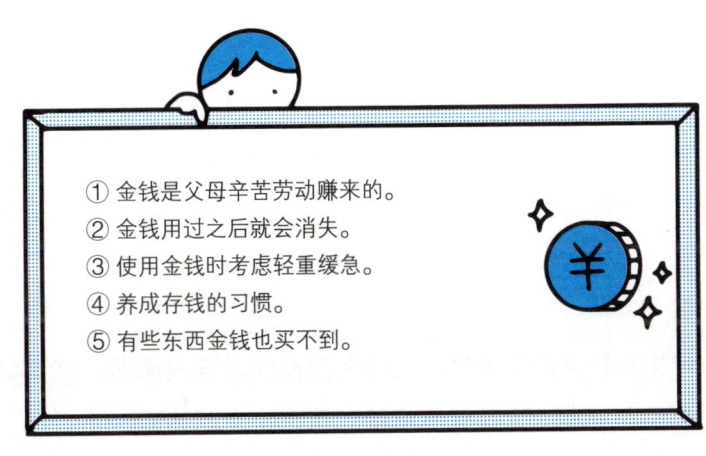

① 金钱是父母辛苦劳动赚来的。
② 金钱用过之后就会消失。
③ 使用金钱时考虑轻重缓急。
④ 养成存钱的习惯。
⑤ 有些东西金钱也买不到。

应该告诉孩子的"零钱教育五条"

■ **让孩子用小钱练习买东西**

羽田野女士建议父母让孩子思考如何用有限的预算买东西。比如，一起和孩子去买东西的时候，给他几块钱（非零花钱），让他去买自己喜欢的东西。

■ **告诉孩子什么是必需品**

金钱观中最重要的是怎么花钱。首先，可以利用零花钱让孩子体验怎么花钱。

羽田野女士说，父母要趁机让孩子多想想，这个东西是必须要买还是只是单纯地想拥有。随着孩子年龄增长，大人

可以让孩子自己买文具等必需品，这样孩子就能学会按轻重缓急的优先顺序花钱。

■ 让孩子拥有自己的钱包

羽田野女士还推荐父母将零花钱等放在孩子专用的钱包中，而红包等大额金钱可以存入孩子专用的银行账户。

2015年的调查发现，关于日本小学生的零花钱额度，"每月一次性给500日元（约25元人民币）"的反馈人数是最多的。尽量让孩子做个"零花钱账簿"，记录消费项目和金额。

当孩子弄丢东西时，**让他用自己的零花钱购买，如果零花钱不够，就让他攒够钱再买**。让孩子实际体验一下，明白不珍惜东西会让钱慢慢流走，学会自己的东西自己要负好责任。

■ 不告诉孩子该怎么用钱

当孩子没想清楚就轻率花钱时，父母不需要劝说阻止。这种"钱花光"的痛苦烦恼也会让孩子深深领教到**"花钱时要考虑周全，必要时应自我克制"**。

27 培养孩子的"坚毅力"
——努力和热情是关键

英语中有"Grit"一词，指的是一个人对目标满腔热忱，**经历困难和挫折依然继续前进的能力**，相当于"坚毅"的意思。

美国教育部认为"Grit"是 21 世纪教育最重要的课题。美国前总统奥巴马、微软公司创始人比尔·盖茨等全球各界领袖人物都非常看重"坚毅"。

"坚毅"研究第一人，美国宾夕法尼亚大学的心理学家安吉拉·达克沃思教授用科学研究证明了**成就伟业最重要的不是人的才能，而是坚毅力。**

她利用自创的"坚毅指数"测量法衡量那些在各个领域的著名人物，发现他们的"坚毅指数"都非常高。

"坚毅指数"强的人更容易将自己要做的事情坚持到底，并且一个人的"坚毅力"与他的幸福感和健康度成正比。

"坚毅指数"的高低也受遗传的影响，但是达克沃思教授认为"坚毅力"是"可提升拓展"的能力。（《坚毅：释放激情与坚持的力量》）

如何提升"坚毅力"?

■ 找到兴趣点

达克沃思教授认为"那些在自己擅长的领域走到巅峰的成功人士,在最开始都是单纯快乐的初学者",她说:**"拼命努力的前提是热爱和享受。"**

美国教育心理学家本杰明·布鲁姆博士的研究也表明:对于开始学习各种技能的孩子来说,一个耐心细致并且善于照顾人的指导者是很重要的,**那些过于严厉的依靠威严逼迫孩子的父母和老师会伤害并削弱孩子学习的热情。**

首先父母要知道孩子对哪些事物有热情,认真观察孩子的兴趣点。(参见"19 让孩子找到兴趣点")

■ 为孩子设定较高的目标

如果孩子找到了感兴趣的学习对象,可以设定较高的目标进行反复练习。**尽可能每天在同一时间、同一场所进行练习,养成"每日一次"的习惯。**如果还没找到目标,可以给孩子每天的作业或运动内容设定一个稍微高一点儿的目标,让孩子学会勤奋和坚持。

美国休斯敦大学的心理学家罗伯特·艾森伯格教授从自己的研究中得出一个结论:勤奋的品格可以通过多加练习来掌握。**努力达到一个困难目标的人面对其他困难也会努力克服,坚持到底。**

努力完成一个困难任务，
让人有勇气努力达到其他困难目标

- **不要让孩子轻易放弃**

   让孩子不要被"惹老师生气了""比赛输了""晨练太痛苦了"等暂时的低落情绪牵着鼻子走，**从开始到告一段落，要专心致志，努力坚持。**

- **父母做好榜样**

   布鲁姆教授在对世界顶级运动员和艺术家的研究中发现：**父母才是孩子"努力的榜样"。**

   达克沃思教授认为，父母也可以给自己设定有难度的目标，思考"自己对该目标有着多大的热情和坚韧度"，以及"孩子是否愿意接受以自己为榜样的培养方式"。

■ 注意夸奖方式

相对于天赋、结果或成绩，父母要多夸奖孩子努力的过程，多鼓励孩子："**如果再下点儿功夫，你一定能学会。**"让孩子不要放弃，坚持到底，有助于促进他坚毅品格的形成。（参见"76 有效地夸奖孩子"）

■ 让孩子多接触"坚毅力"强的人

处于"坚毅力"强的人的环境中，人们会不由自主地产生一种连带的集体感。达克沃思教授说自己家的**每个人都在进行着挑战困难、坚持到底的实践。**集体的力量也能培养"坚毅力"。

28 男孩女孩，对策不同
——了解孩子的特点，提升能力

人类的大脑分为左脑和右脑，由胼胝体连接。左脑主管语言表达和逻辑思维等，是分析问题的角色。右脑主管视觉认识或空间理解以及直觉、灵感和想象力等，有情绪感受方面的功能。

从大脑的发展过程来看，男孩由于雄激素的影响，身体和大脑的发育会受到暂时的牵制。因此，男孩的大脑比女孩的发育晚。

女孩左脑较早成熟，为保持左右脑平衡，女孩大脑的胼胝体要比男孩粗大。而男孩的左脑比女孩发育晚，右脑则比较发达。

因此，总体来说，女孩的语言能力强，头脑机敏，对各种事物有较强的领悟能力；而男孩善于钻研，注意力集中，擅长图形处理等，有较强的空间感知能力。

当然，不同的人有不同的强弱势，但是**孩子身上确实存在因性别不同而出现的大脑发育差异。**

父母提前了解这些差异，才能顺利地提升孩子的能力。

如何巧妙应对差异？

■ 让男孩多说

男孩控制语言表达的左脑发育比女孩的晚。

当你对男孩说话时，他总是只说一两句。从大脑发育来讲，男孩给人少言寡语的感觉并没有什么大问题。

因此，**父母要多问男孩开放式问题，自己做好一个倾听者。**

研究男孩教育的柳泽幸雄说："让人能表达出自己想要说的话的，'不是语言而是逻辑'，要培养逻辑理解的基础，父母就要促使孩子将句子（文章）读到最后。"

■ 给女孩自信心

女孩相比男孩，左右脑发育更平衡，因此女孩擅长同时灵活掌握各种事物。但另一方面，女孩不愿挑战困难以免失去这种平衡，**她们往往为满足周围人的期待而过于努力。**

对于女孩，父母首先要把家庭创造成一个无话不谈的安心环境，让她将大目标细化成小目标，逐步体验成功的感觉，唤起她的自信心。

女孩如果有足够的自信心，摆脱内心的束缚，也会产生独树一帜的创意和思想。

这么高的墙，我真是爬不上去……

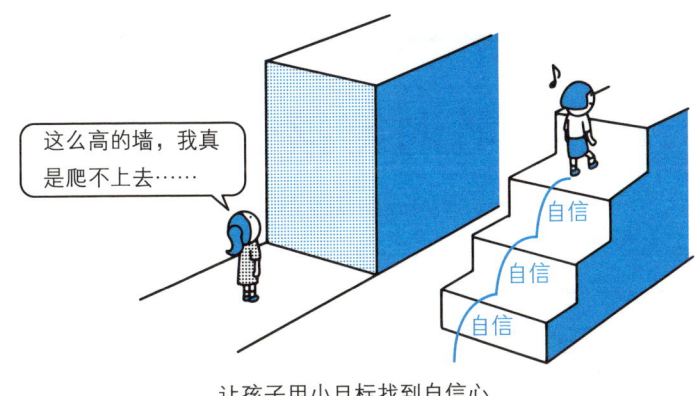

自信
自信
自信

让孩子用小目标找到自信心

■ **切勿强行灌输"先入观念"**

一些国家的调查发现：男女分开的单性别教育与男女同校的混合教育相比，前者的学习方式不仅有助于提升学生的学习成绩，而且对学生选择文理科或获得自信心的自我成就感都有积极影响。

其原因有多个方面，比如说**不强行灌输"男孩适合理科，女孩适合文科"等先入为主的观念**，孩子无须介意异性的目光，可以专心致志发展自己的爱好和兴趣，等。

虽然理论上来说男孩女孩的大脑有发育时间的差异，但是这种差异并不明显，并非绝对适用于每个人。

最重要的不是"因为是女孩（男孩），所以必须……"，**而是父母努力地守护孩子的成长，不伤害孩子的天性。**

29 平等对待孩子
——对孩子保持敬意

阿德勒心理学因畅销书《被讨厌的勇气》而被大众熟知。

奥地利精神病学家兼心理学家的阿尔弗雷德·阿德勒曾作为军医经历过战争的残酷，他研究出独特的教育理论和疗法，**希望培养出不采取奖惩、苛责或暴力等手段来解决问题的人。**

阿德勒的基本理念是"人人皆平等，大人和孩子是对等的"。阿德勒想要给予孩子勇气，**培养他们"我有能力""我被认可"的自信心。**

■ 平等对待孩子

如果大人只让孩子不要乱动，坐等指示，**那孩子就会处处依赖父母，无法自立自强。**父母平等对待孩子，不以大人自居，才能让孩子积极地动脑思考问题，掌握执行力。

如何做到不把孩子当"孩子"看?

■ "分离"课题

阿德勒认为父母常常会对孩子说"××绝对最好""应该做××",**这其实是父母过于担心孩子,干涉孩子行动的表现。**

阿德勒还提倡要区分父母和孩子各自的责任。上述干涉孩子的言行,虽然父母嘴上说是为了孩子好,但其实是让自己安心舒服的"自我欺骗"。

孩子自己的任务或责任,就应该让孩子自己来完成。父母要信赖孩子,充分将自主权交给孩子。如果孩子能独立解决问题,他会逐渐感到自己是个有能力的人。

■ 对孩子的想法保持敬意

孩子有不同于大人的视角,具备大人没有的想象力。**实际上很多时候我们大人从孩子身上也会学到很多东西。**

所谓"父尊子卑"的固有观念对培养孩子灵活机敏的思维力没有什么帮助。对于孩子的意见和想法,最重要的是**怀着敬意认真倾听,**而不是漫不经心地当耳边风。

只有让孩子多说,父母多听,孩子才能体会到"被认可感",才会对自己的意见和主张有自信心。

■ 对孩子说话时注意遣词造句

对孩子说话要注意措辞,不用命令或强制的表达,这样亲子之间闹别扭的情况就会减少。

■ 大人要注意自己的情绪

有的大人因为孩子的言行而产生愤怒、不安、担忧等消极情绪时，往往会吓唬孩子，逼着他听话。

消极情绪会滋生出强迫式的命令以及毫无反驳余地的强硬言语，如"说几遍你才懂啊！""废话少说，做就行了！""不用猜，一定是你做的！"等。这**很容易造成"父母上孩子下"的压迫性关系。**

父母要注意自己的消极情绪，换个环境放松一下，冷静想想自己**"是不是在干涉孩子自己的事情""有没有多想想孩子的心情"**等。

注意到自己的消极情绪后，就换个环境放松平静一下

30 | 让孩子深入思考
——体验"设计思维"

高速发展、变化剧烈的时代要求孩子具备灵活多变的思维力，从容面对各种状况，深入挖掘问题，创造出新事物，以适应各个时期的需求。

时代看重的是**"设计思维"**。这原本是设计师使用的一套方法，主要是指一种机敏的造物思维——观察人们的日常生活，提出自己的课题，建立假设，并将假设反映到试做样品上，**听取人们的感受和意见，进行反复改良**。

运用这种设计思维的著名实例就是音乐播放器 iPod 的设计。设计师观察人们在生活中听音乐的方式后，就产生了"将所有音乐放入口袋后走着听"的概念，反复尝试设计后就推出了风靡全球的畅销品。

西山惠太是让孩子们体验设计思维的好奇学校的代表。他说："孩子多体验体验设计思维，才会逐渐形成**'没有答案并不奇怪''答案要自己做出来'**的意识。"

他用熟悉的东西引发孩子的好奇心，通过提问引导孩子们提出了各种各样的奇思妙想。不同的开放式问题和相互沟通让孩子深入思考，培养他们自己创造答案的能力。

如何"深入思考"？

■ **让孩子用熟悉的事物寻找"课题"**

深入思考需要"课题"。**当孩子自己想不出课题时，大人可以帮他想想。**

比如在附近散步时就会碰到很多"课题"，像便利店摆放的各种塑料瓶的形状、街头的企业标识等。

西山先生认为多问孩子**"这是什么？是为谁制造的东西？""这个东西有什么意义？"** 等问题，孩子就会不断地深入思考，寻找问题的答案。

这个标志到底是什么意思呢？

在街上碰到的各种东西都能变成"思考的材料"

■ **让孩子提出自己的构想**

孩子非常渴望获得答案。大人只需告诉他**"爸爸（妈妈）也不知道这到底为什么"**，表示一下共鸣，同时提示他"还有没有其他方法？"，让孩子自主去调查，去苦思冥想，拿出自己的构思和想法。

■ **让孩子赋"构思"以"形"**

设计思维最重要的环节就是"尝试"。把深入思考的结果、所看见的东西作为构思的切入点，尝试着建立自己的"铭牌"，比如说**绘制简单的图形、做个小手工等，让孩子将自身的想法付诸实践，**可以培养他的思维力和想象力。

■ **换种说法来让孩子确认**

当你认为孩子的构思和发言没抓住重点、偏离目标时，不要马上否定他，请继续倾听。因为**孩子一旦被否定，就不敢再安心地发言，提出自己的意见了。**

我们想要提出反对意见时，可以换一种说话方式，如问他："你说的是这个意思吗？"西山先生说："有时大人可能觉得孩子说错了，但这是因为孩子的表达能力不够。很多时候孩子的话和事物的本质有很大关系。"

虽然直接说出"这个有错误""那个才是正解"的结论轻而易举，但是**换一种说法来确认，**也可以让孩子深入思考，丰富词汇量，提高表达能力。

第3章

培养自我肯定感

拥有一颗灵活应对变化的"坚韧之心"

31 保证优质的睡眠
——日本的孩子普遍睡眠不足

美国乔治·华盛顿大学的临床神经心理学家威廉·斯蒂克斯鲁德教授认为睡眠有"治愈"的效果。人们在睡觉时，睡前经历的痛苦情绪会逐渐获得缓解，引起精神压力的神经化学物质也会消失。这么来看，早上人醒来时莫名感觉神清气爽是有科学根据的。

充分的睡眠能让大脑恢复精神，调控自己的思维和行动。

另一方面，日本文教大学教育学部教授，同时也是一名儿科医生的成田奈绪子女士和临床心理学家上冈用二先生也指出："当孩子特别容易生气，因压力或精神紧张而焦虑不安时，睡眠不足有可能是一种诱因。"也就是说，**优质的睡眠不仅有助于促进身体发育及提升学习力，而且对稳定情绪也有很重要的作用。**（参见"85 让孩子早睡早起"）

如何保证优质睡眠？

■ **孩子的理想睡眠时长是多少？**

据美国国家睡眠基金会称：儿童理想的平均睡眠时间，

3~5 岁为 10~13 小时，6~13 岁为 9~11 小时。日本江户川大学睡眠研究所所长福田一彦教授认为按照这个标准，日本儿童的睡眠时间不足，**其主要原因在于上床睡觉的时间太晚。**

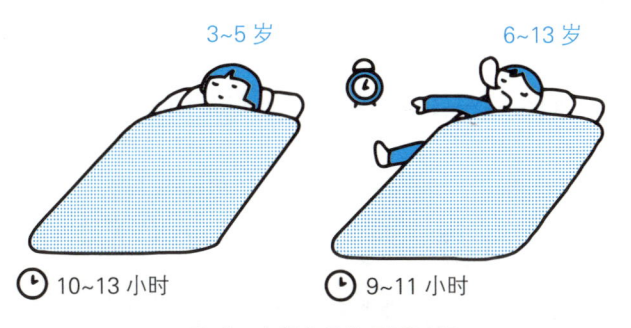

早睡，确保充足的睡眠时间

- **洗澡的最佳时间是入睡前 90 分钟**

美国斯坦福大学精神医学家西野精治教授称：**当人们犯困想睡觉时，被称为"深部体温"的体内温度会下降。**因此在睡前 90 分钟左右洗澡，睡觉时体温正好下降，有利于入眠。

- **睡前少吃东西**

人在睡觉时，肠胃还会继续工作消化食物。饭后肠胃活动需要 3 小时才会告一段落，因此我们要尽量在入睡前 3 小时吃完饭。

- **早上沐浴阳光**

"褪黑素"是大脑分泌的一种激素。这种激素能让人困倦，自然入睡。褪黑素的分泌在白天因光线亮而减少，在黑

夜因光线暗而增多。 因此，早上起床后要拉开窗帘，沐浴晨光减少褪黑素分泌；晚上避开亮光，增加褪黑素分泌。

■ 睡前 1 小时内不看电子产品

睡前接触的屏幕蓝光会抑制褪黑素的分泌，造成睡眠质量下降。**晚饭后关闭电子产品，** 调低室内亮度，减少入眼的光线量。

■ 休息日不"补觉"

福田教授指出："现有数据表明，如果平时能做到早睡早起，一到节假日就睡懒觉，**身体就会出现倒时差性犯困，大脑也会出现萎缩、反应时间过长、正确率降低等问题。**"

日本文部科学省对全国初中生就"上学和放假的起床时间有 2 小时以上差别频率"和"有无烦躁感"之间的关系进行调查后发现：越是差别频率大的人越容易烦躁，而差别频率小的人基本上不会感到烦躁。

上学和放假的起床时间差别大会影响精神状态。 如果节假日想晚点儿起床补补觉，福田教授建议"平时和放假的起床时间差别尽量控制在 1 小时以内"。

32 | 让孩子具有"多元化视角"

——不要只追求一个正确答案

日本的孩子随着年龄的增长，自尊感逐步降低，尤其上了高中之后自尊感会变得很低。

儿科医生兼日本御茶水女子大学名誉教授榊原洋一先生指出，这一现象背后的原因之一是考试中常见的'封闭式题目（解答范围受限的题目）及据此进行的成绩评价'。他说：**"让孩子不断地回答这种仅有一个正确答案的问题，会致使他们只关注到自己不懂的问题。"**

澳大利亚悉尼大学神经科学家艾伦·斯奈德教授在对各地的一些体育选手和政治家等著名人物的调查研究中发现：**无论哪个领域的佼佼者都倾向于多角度、多方面地看待事物。**

我们需要让孩子摆脱"答案只有一个"的束缚，向他们展示如何灵活机变地思考问题。

如何掌握"多元化视角"？

■ 建立能畅所欲言的环境

父母需要在家里制造一个让孩子安心放心的环境。所谓

"安心"指的是在这种环境下,孩子能放心地、毫不犹豫地吐露自己的意见。

他不用担心**"我是不是做错了""我会不会被人看不起""我会不会遭到否定"**,他能自由地发言,轻松地提问或者提出不同的意见。

■ 让孩子体验"答案并不唯一"

比如说,做饭也可以体验"答案并不唯一"。搜索一下烹饪食谱,同样一道菜有各种各样的做法,也有口味轻重和风味的不同。

另外,做饭有时候会出现意外状况,**看看孩子面对小状况时如何灵活应变,进行反复试错的体验。**

养花、种菜、喂宠物也是同样的道理。还有读书、看电影、艺术鉴赏、看新闻等,**家人可以相互分享对各种事物的不同看法和理解,**让孩子感受一下什么叫"多元化视角"。

参观博物馆　参观美术馆
读书
做饭　看电影

大人与孩子共同进行各种"答案不唯一"的体验,分享事物的不同理解和看法

- **让孩子了解不同的生活方式**

大人要让孩子多与各种各样的人接触，了解不同的生活方式、不同的工作价值，以及不一样的失败经历和克服困难的方法，了解不同的人生观。

我们和孩子一起读人物传记也是个好方法。那些名垂青史的历史人物总是带着怀疑的眼睛看待固有传统，虽然经历过挫折失败，遭受过各种白眼和误解，他们依然完成了伟大的发明和发现。

了解历史人物的生平，让孩子明白什么叫灵活机变的思维方式，让他接触不以"答案"为标准的广博世界。

- **父母也要与时俱进，更新常识**

父母最好也能冷静地仔细想想那些自认为完全正确的事是否真的正确。

在科学和历史领域，一些从前的常识被证实是错误认知的情况并不少见。在这个通过互联网就能获得最新信息的现代社会，对某些新常识，孩子比大人懂得更多更是不足为奇。

最重要的是，大人自己要多学习，多读书看报，不固执己见，不故步自封，做到与时俱进，让自己的知识更新换代。

33 让孩子拥有自制力
——掌握控制自己的技巧

孩子无法控制自己的情绪或行为,总是乱发脾气或闹别扭,主要原因在于大脑的结构。

加利福尼亚大学洛杉矶分校的精神科医生丹尼尔·西格尔临床教授在与人合著的《如何让孩子自觉又主动》一书中将孩子发育中的大脑比作**"正在建设中的二层住宅楼"**。

第一层是大脑最原始的部分,负责强烈的情绪、本能、消化及呼吸等基础活动。

第二层则是负责**情绪和思维控制等高级机能活动的部分,** 比如说制订计划、思考复杂问题及发挥想象力等。

西格尔教授称:大脑的第一层在出生时已经发育到一定程度了,但第二层则需要花时间去发展建设,一般来说会在 25 岁左右完成建设。

换句话说,孩子的大脑第二层离竣工还非常远,**因此孩子无法控制自己的情绪和身体机能是完全可以理解的。**

在大脑的发展建设期,努力打造牢固的第二层,有助于孩子理解自我情感,掌握生活的技能,不鲁莽不冲动从容镇定地度过人生。

如何让孩子具备自制力？

■ 把拳头看作大脑

西格尔教授建议，父母可以把拳头看作自己的大脑，让孩子去理解大脑的两层楼结构。

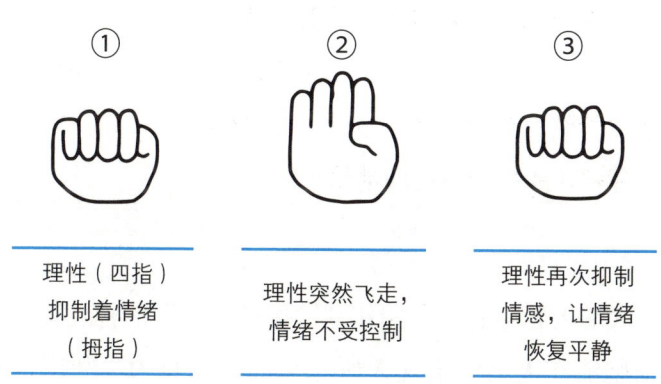

① 理性（四指）抑制着情绪（拇指）

② 理性突然飞走，情绪不受控制

③ 理性再次抑制情感，让情绪恢复平静

用握拳法教给孩子大脑的结构

出处：《如何让孩子自觉又主动》

① 拇指握于掌内

把拳头看作自己的大脑。四指慢慢松开就露出了拇指。拇指是大脑的第一层。当人们焦虑愤怒、快乐兴奋或是悲伤沮丧时，强烈的情绪就会从第一层冒出来。

大脑的第二层是剩下的四根手指。**它们可以让因强烈情绪而波动不已的心灵镇定安静下来。**

② **突然竖起四根手指**

松开握紧的手指，突然竖直四根手指。**大脑的第二层无法平复第一层兴奋不安的情绪了。**

当遇到厌恶的、难过的事时，大脑会一瞬间变得愤怒狂躁。

③ **重新慢慢地弯曲四指握住拇指**

在一开一合中，让孩子体验大脑的二层是如何抑制一层的强烈情绪并恢复平和心情的。让孩子明白只有从容镇定，通过理智才能控制自己的情绪。

■ 父母要做好自控的榜样

人的大脑中有一种叫作"镜像神经元"的神经细胞。这种细胞能在大脑中重现人所看见的他人行为。利用这种细胞，人们可以将他人的行为在大脑内进行模拟，并对此进行理解、引发共鸣。

从这个细胞的功能来看，孩子发脾气、张皇失措时，如果父母也跟着发脾气，着急慌乱的话，会加重孩子的不安。

如果这时候父母尽可能地平复心绪，从容冷静地耐心做出表率，就有助于培养孩子的自制力。

34 锻炼孩子的抗逆力
——坚韧成长的"心灵肌肉"

我们将一个人面对逆境、困难及未知时所表现出来的坚韧不拔的品格、极强的适应性及在压力下重新奋起的**心灵复原力叫作"抗逆力"。**

这种抗逆力是孩子能独立成长的重要素质之一。

国际积极心理学协会理事伊奥娜·博尼韦尔博士认为**抗逆力不是天生的，而是可以像肌肉一样被锻炼出来的。**她创造出叫作"抗逆力肌肉"的方案。

为了直面突发困难和逆境时能充分发挥自己的抗逆力，需要在平时多锻炼自己的心灵肌肉，这种肌肉的训练法也称为"心理预防接种"。

如何锻炼抗逆力？

- **想想"肯定自己的话"**

博尼韦尔博士说："只有知道自己的优点才能产生抗逆力。"

用"我是……的"句式，将自己的优点及认为有自信的地方说出来，比如"温柔""勤奋""幽默"等。可以让孩子自己说，或者让孩子问问家人、朋友或周边的人。

- 想想"自己能干的事"

孩子能说出来的"我能……"很多，"我能带弟弟妹妹一起玩""我能帮助别人""我能一个人去学校"等。跑步没得第一、不擅长学习也没关系。大人好好和孩子想想哪些事情是孩子擅长做的，尽量让孩子把"能干的事情"可视化，有助于孩子增强自信心。

- 想想"拥有的东西"

让孩子说出自己拥有什么，列出自己珍爱的人或物。比如"孔武有力的爸爸""会做美味佳肴的妈妈""从小喜爱的布偶"等。让孩子注意到自己所处的环境有很多优点。

- 想想"喜欢的东西"

比如棒球、足球、舞蹈、歌曲……孩子喜欢的东西很多。父母和孩子一起列举出"自己喜欢的东西"。

人们多想想自己喜欢的东西，大脑中就会分泌出多巴胺，就会涌出更多积极的情绪。多巴胺促使大脑觉醒，促使人们直面逆境，努力克服困难。

我的长处是什么？
我能做什么？
我拥有什么？
我喜欢什么？

了解自己是锻炼抗逆力的基础

■ 父母要表达"共鸣"与"信赖"

日本东京学艺大学名誉教授、临床心理学家深谷和子说："当孩子心灵受伤或垂头丧气时，父母和家人首先要对他表示感同身受。"

说一句"这样确实很让人泄气"，和他一样承认现状，"理解他现在的心情"。在此基础上，**表示自己对孩子绝对信任，告诉他"你没问题的"**。这种信任感对孩子来说是一种巨大的鼓励，也让孩子充满力量，面对任何困难都会勇敢地走下去。

得到理解自己心情的人的鼓励，孩子心里会想"我是不是可以再努力一点儿"，慢慢地恢复状态，再次出发。

35 培养孩子的感恩之心
——丰富心灵的感恩方法

加利福尼亚大学戴维斯分校的积极心理学家罗伯·艾曼斯教授说:"当我们拥有一颗感恩之心时,**阻碍幸福的嫉妒、愤怒、悔恨和沮丧等负面情绪就会远离我们。**"

每天培养自己的感恩之心,它将成为我们一生积极地幸福生活的武器。

日本筑波大学的社会心理学家相川充教授的团队研究表明:**教给孩子感恩的方法,能培养他的感恩之心。**

相川教授说:"想要孩子拥有看不见的感恩之心,最好是教给孩子看得见的感恩方法。"

如何培养感恩之心?

■ 设立每周一次的感恩时间

相川教授认为如果人们每周想一次自己值得感谢的人或事,那他的幸福度就会上升。

正因为如此,我们更要有意识地**去关注那些好的状态、**

好的结果，比如"因为他/她，我现在才感觉这么好""多亏了他/她，我现在才这么幸福"。

和孩子回顾过往时，以下几个句式会很有用：

- 谢谢他/她给我做了××事。
- ××非常好吃，谢谢。
- 谢谢最喜欢的他/她能在身边陪我。

■ 父母做好榜样

孩子会模仿身边的人做出相似的动作或行为。

当孩子不愿意说"谢谢"时，不要强迫他。父母可以和孩子一起说，**或者平时养成向他人说"谢谢"的习惯，做好孩子的榜样。**

■ 让孩子体验别人的感谢

当孩子听到自己帮助过的人说"谢谢""真是帮大忙了"之类感激的话语时，**他会感觉到助人的快乐。**

日本东邦大学医学部的名誉教授、生理学家有田秀穗称，受到他人感谢而产生的温暖感觉是因为身体分泌出了催产素。

催产素有让人产生积极心情的效果。

■ 写下感恩的心情表达感谢

积极心理学发现当人们写感谢信时，**不仅是收信人，写信人的幸福感也会提升。**告诉孩子，当感谢的话不好说出口时，可以写下来，用文字表达感谢。

■ 做一个感恩瓶

我们可以把一个空瓶子命名为"感恩瓶"。每当有什么高兴的事情或想感谢别人时,**就把想说的话写在纸上,放进瓶子里。**等过年或过生日的时候,可以打开瓶子,读读里面的东西,回顾一下值得感恩的往事。

妈妈抱了我。

小奈奈说爸爸做的饭好吃。

感恩瓶

家里人都把自己感谢的人、
高兴的事写下来,放进瓶中存起来

36 创造"无话不谈"的环境

——鼓起勇气去宠爱孩子

阿尔弗雷德·阿德勒指出，**如果一个人从小不吐露真心，总是察言观色仰人鼻息，**随波逐流，他就会逐渐无法信任自我。

如果一个人无法信任自我，也不会获得他人的信任，长此以往，就再也不会萌发助人的想法了。

对孩子来说，一个安全的环境是十分必要的。在那里他不会被强迫必须与周围保持相同的言行举止，也不必在意失败和错误，**他能坦率地讲出自己的想法，表达自己的感情。**

如何打造"无话不谈"的环境？

■ **多陪伴孩子**

当大人总是指责孩子的缺点和弱点时，孩子做任何事情都会变得犹豫不安，心里会担心"这么说会不会被人当作笨蛋？""那么做不会惹人生气吧？"等。

父母不要强求孩子做到完美，**他是什么样就接受他什么样，多陪伴守护他，而不是让他封闭内心，没有勇气吐露真心话。**

119

- **告诉孩子"我们爱你"**

我们要多抱抱孩子,多告诉他"只要你在我身边我就觉得很开心""谢谢你能做我们的孩子"。

佐佐木正美医师在她晚年与人合著的书中写道:**"父母们要多多宠爱孩子,不要厌烦和抗拒,请拼命地关爱他,培养他长大成人。"**(《孩子应该这样教:表扬、批评、教养中的智慧》)

佐佐木医师认为"娇生惯养"并不是绝对的坏事。充分获得关爱的孩子会对自己和他人都怀有"绝对的信赖感",并锻炼出自律心。

- **不必为孩子"铺好路"**

但是,佐佐木医师又指出**"娇生惯养"并不是"过度干预"**。过度干预是指父母过于担心孩子,为孩子的前途做好铺垫,并且单方面地告诉孩子"做这个好,做那个不好",或者直接为孩子代劳等。

她说,**过度干预会影响孩子自立心的萌芽,伤害他的自主性和独立性。**从管教这一点来看,父母有必要针对"不应该做的事"进行合理的干预。但是如果孩子总被人牵着鼻子走,被指挥逼迫着"做这个、做那个",他就会失去自我,不知道自己想要什么、想做什么。

- **注意避免消极的态度**

大人消极的想法和态度会传染给孩子。加拿大多伦多大学的生命伦理学家克里·鲍曼教授认为**"情绪是有传染性的。其中消极情绪最容易传染"**。

如果父母的想法倾向于批评，特别消极，孩子也会受到感染，即便不是自己的问题，他也会变得越来越没自信。

消极的对话只会给孩子带来糟糕的影响

37 把孩子当作家里的一分子

——让他承担责任，感谢他的付出

日本内阁 2019 年发布的《儿童与青年白皮书》中分析认为：日本年轻人的自我肯定感低下与年轻人认为自己对社会、对他人没有作用，没有帮助的自我认知有关。

在过去的日本家庭里，孩子是家里的重要劳动力之一。那时候，家里年长的孩子要帮助祖父母或父母照顾弟弟妹妹。孩子不积极参与家务劳动的话，家里人手就会不足。

但是，现在的孩子帮助他人的机会却越来越少。

如今，双职工家庭增多，父母要边工作边照顾家庭，孩子们又在学校和培训班的课程和训练中忙得不可开交。

支持儿童参加社会活动的林田香织理事说："在父母分身乏术的现代日本，**我们要有意识地创造孩子承担责任的机会。**"

很多繁忙的父母认为，与其让孩子来帮忙，倒不如自己做反而更好更快。

但是，帮助别人对孩子来说是能"发挥自己作用"的宝贵机会，是培养孩子自我肯定感的重要体验。

如何让孩子变成家里的一个"战斗力"?

■ 有很多家务可以交给孩子做

家务活儿除了打扫卫生,洗、晒衣服,炒菜做饭外还有很多,而且**有 80% 的家务活儿叫作"无名家务活儿"**。

在日本大和房屋工业股份有限公司列出的"无名家务活儿"清单中,摆放好门口的鞋子、补充厕纸、把要洗的衣服放进洗衣篮、收拾玩具等位列前十。其中**有很多家务活儿可以让孩子充分发挥他的作用**。

一些琐碎的家务活儿可以让孩子来分担,父母不需要全部承担。

"无名家务活儿"排行榜

- ♛ 第一名　把脱反的衣物翻过来,把脱成一团的袜子翻过来折好
- ♛ 第二名　把门口乱放的鞋子放入鞋柜、摆正
- ♛ 第三名　补充厕纸
- ♛ 第四名　收拾脱下后乱放的衣服并放入衣柜,把要洗的衣物放入洗衣篮
- ♛ 第五名　考虑做什么饭
- ♛ 第六名　收拾喝完的饮料杯子、瓶子并清洗干净
- ♛ 第七名　收拾孩子乱扔的玩具
- ♛ 第八名　补充洗发水、洗衣液、洗手液
- ♛ 第九名　可回收垃圾的区分和归类
- ♛ 第十名（并列）　除去浴室和洗手池下水口的毛发,打扫浴室下水口,更换滤网

■ **完全交给孩子去做**

当我们把家务交给孩子后，**如果又插手他的行动，口头说教指导的话，孩子就无法感受什么是成就感。**

失败和中途跌倒也是成长的经历。父母要控制住自己想要说教指导的念头，**下定决心把任务完全交给孩子，只要在旁边看着他自己反复试错就可以了。**

孩子如果发现自己能解决问题，完成任务，他就不会再担心自己的能力，也会变得自信起来。

■ **教导社会规矩和危险意识**

我们要认真教导孩子垃圾分类等社会基本规则，以及使用刀具或用火时的注意事项。

特别是关系到孩子人身安全的事情，**父母一定要在一旁看着**，别让孩子接触危险刀具，并注意他身边有没有易燃易爆的危险品等。

■ **表达感谢**

当孩子完成任务时，我们不仅要夸奖他做得棒，而且要说一声"**谢谢你！**""**真是帮大忙了！**"，这会让孩子从内心觉得自己确实帮助了别人，起到了作用，会提升他的自我肯定感。

另外，我们要认真观察孩子帮忙的样子，时不时夸一句"你真的挺喜欢××""你挺擅长××"。

得到父母的认可，孩子也能提升自我肯定感。

38 学技能①
——选一门技能

学技能可以让孩子找到自己的兴趣点，增加自信心。

现在小学生们的校外活动都有哪些？

2019年8月日本学研教育综合研究所对小学一到六年级的1200个学生及其家庭进行调查后发现，现在小学生学习的技能中，**第一名是"游泳"，第二名是"应试培训、课程补习"**，第三名是"通信教育"，第四名是"音乐"，第五名是"英语"。

该研究所在2018年9月的"家长想让孩子学习的技能"调查中发现：第一名是"英语会话"，第二名是"游泳"，第三名是"算盘"。其中，**一年级学生的家长最欢迎的是"算盘"，无论他们的孩子是男孩还是女孩。**

2017年的调查中排名第八的"编程"，在2018年上升到了第六名。从2020年开始，编程课程纳入小学必修科目，必然会受到更多关注。

从2021年开始，日本的高考不再沿用以前一边倒的学习能力测试，而是进行了从思维力、判断力、表达力以及自主性等多方面评价学生的改革。

如何聪明地选择孩子要学习的技能？

■ 优先让孩子学最想学的东西

当亲子之间因学习技能而出现意见分歧时，**必须从孩子的爱好角度做最优选择。**"我喜欢这个东西""我要掌握它"，这种意愿是非常难得的。**特别是对于小孩子来说，对于他觉得没意思的东西，一定也坚持不了多久。**

■ 找到最适合孩子的指导老师和指导方法

汐见校长建议道："如果父母看见某个老师，觉得这个老师能调动孩子的积极性，或者自己是孩子的话也想上这个老师的课，那么就让自己的孩子去试试看。"与其先决定让孩子学什么，倒不如先决定跟谁学，怎么学。**从"孩子可能会比较喜欢这个指导老师的这种指导方法"的角度来选择不失为一种好方法。**

先参观对比，直到找到有吸引力的指导老师或适合孩子的指导方法为止

■ 先定"目标"

教育编辑太田敏正先生说,在开始学技能时,要先定下目标。比如说要学游泳,就定下**"以自由泳姿势游完 25 米"**的目标。如果有考级的技能,可以以考级来定目标。

也可以以时间段为目标,比如"即使中途觉得费劲吃力也要坚持半年""努力坚持到 × 年级的演讲会"等。

达成目标后,是继续学习,还是就此终止?重新交给孩子来决定。

汐见校长认为,有时候学习技能的时间可能会和考试时间撞车,一时很难继续下去。这时候如果孩子没说放弃,可以缩短练习时间或是放慢进度,细水长流持之以恒地学习,对孩子来说反而更好。**在漫长的人生旅途中,这种技能也许就变成了让孩子丰富自我、受益一生的爱好。**

■ 最后"积极"收尾

如果孩子自己主动想放弃,那就选择一个相对合适的节点来结束学习。

太田先生说,**技能学习的结束节点非常重要**,选择一个合适的节点,孩子才能以积极的方式来告别这段学习经历。

39 学技能②
——安排宽松的学习计划

近些年,日本双职工家庭的数量攀升,很多父母让孩子放学之后去学技能或者上补习班。这种培训班看上去既能让父母安心托付孩子,又能提升孩子的各项能力,可谓一石二鸟。但是对孩子来说,**自己发呆或者自由自在玩耍的时间却在慢慢减少,身心负担会逐渐加重。**

精神病学家斯图尔特·布朗博士指出了"技能练习"之外的"单纯玩乐"的重要性。在自由玩乐的过程中,孩子可以整理自己的情绪,即便事情不顺利也不会生气,会善于倾听周围人的话,保持积极向上的精神。孩子掌握了这种技巧,也就打好了自我肯定感的基础。

因此,**在孩子学习技能时,家长要妥善考虑日程安排,保证孩子自由玩乐的时间。**

如何安排"技能练习"时间?

- **避免日程安排得过于紧张**

丹尼尔·西格尔教授呼吁父母们,为了防止孩子学技能

的课程安排得过于集中，大人要注意以下几点内容。(《如何让孩子自觉又主动》)

■ **孩子有可自由利用的时间**

父母要注意课程安排的合理性，让孩子有能和自己的兄弟姐妹或者小伙伴自由自在度过的时间，让孩子有充足的时间去发呆或做想做的事。

■ **孩子有充足的睡眠时间**

父母要注意，学习的内容过多会减少孩子的睡眠时间。

■ **孩子没有压力**

父母要多观察孩子是否容易疲倦或心情不佳，看看孩子的言行举止是否不安或紧张。

■ **全家能在一起吃晚饭**

即使不能保证每天都一直在一起，但如果大人忙得连全家一起吃晚饭的时间都没有，孩子会焦虑不安。

■ **父母要调整好心态**

如果孩子的课程过多，父母自己也会忙乱起来。父母压力一大，对孩子说话时就容易烦躁焦虑。因此，**父母不要把课程安排得过于紧凑，否则大人和孩子的身体都吃不消**，甚至还会引起精神上的问题。

■ **不要频繁催促**

父母要注意自己有没有经常把"快点儿！""抓紧时间！"

等挂在嘴边。 孩子跟不上节奏，可能是因为课程安排得过于集中，导致孩子身心疲倦，反应和行动变得迟缓了。

单纯发呆的时间也很重要

■ **不必过早上培训班**

除了以上几点，在考虑课程安排时，父母要知道，**学技能并不是越早越好。** 日本山梨大学研究生院的教育家中村和彦教授针对在奥运会竞技比赛中获得奖牌的 40 名日本运动员的调查发现，只有两个人没有进行过其他体育活动，而 90% 的人在上小学时**每天自由玩耍 2 小时以上。**

同样，在音乐和英语的学习中，即使不上培训班，如果父母在日常生活中会愉快地聆听音乐或学习英语，孩子在家里耳濡目染，自然能感受到好的声音，也能具备敏锐的乐感和语感。

40 学技能③
——为孩子的特长筹措资金

倍乐生教育综合研究所在 2017 年 3 月对养育 3~18 岁（高三生）的 16170 位妈妈进行了关于孩子上兴趣课等校外"教育活动"的调查。结果显示：每月的平均消费中，3 岁儿童的教育活动花销是 3200 日元（约人民币 160 元），花销**最高的是初中三年级的孩子，达到了 25900 日元（约人民币 1290 元）**。

对于"您是否认为教育过度花钱？"的问题，回答"确实非常花钱"以及"比较花钱"的人数占总人数的 67.2%，也就是说很多家长认为教育消费的负担很重。

家庭财务顾问横山光昭先生说："要想控制教育消费，首先要重新看看兴趣课的费用。"他指出**家长虽然抬出"为了孩子"的大道理，但有很多孩子"并不是自己真的想上兴趣班"**。

理财规划师等金融专家认为上兴趣课的消费最理想的比例是占到家庭年收入的 5% 左右。

随着孩子的成长，教育消费会越来越高，因此，有必要以长远眼光来安排教育资金。

如何安排教育资金？

■ 优先安排孩子上大学的资金

孩子上学花钱最多的是大学。私立学校和公立学校的学费开销差别也很大。仅仅新生入学第一年，包括学费在内的花销就达到 90 万 ~140 万日元（约人民币 4.5 万 ~7 万元）。

因此，横山先生说："可以在孩子上大学前把存款目标定为 300 万日元（约人民币 15 万元）。"据横山先生称，日本政府给 0~15 岁儿童的补贴全部存起来约有 200 万日元（约人民币 10 万元）。

父母要专为孩子建立一个存款账户，将教育资金一点点地积累起来。 最重要的是保证这笔钱绝不作他用。

■ 兴趣班不要贪多

如果孩子多上一个培训班，教育开销就会多一笔，而且大人孩子的自由时间也会相应减少。研究幼儿教育的东京大学大学院综合文化研究科的开一夫教授说："**兴趣班上得越多，孩子和朋友玩乐的时间、和父母一起吃饭聊天的时间就越少。** 因此要事先判断一下到底有没有必要上某个兴趣班。"

■ 也能选择线上学习

近几年，线上讲座等面向孩子的授课服务逐渐增多。在线教育节省金钱和上下学在路上的时间，**还能帮助孩子实现高效率学习，创造自由时间。**

41 接受孩子
——真心认可孩子

美国心理学家亚伯拉罕·哈罗德·马斯洛博士曾假定**"人是为实现自我价值而不断成长的"**，并将人的需要分成五个阶段：

最开始，人有追求吃饱睡好等维持生命的生理需要；这个需要获得满足后，人有了追求"居住在安全地带"的安全需要；接着人有了"与亲人、朋友和睦相处"的爱的需要；再进一步，人又出现了"被他人认可和尊重"的尊重需要；人的需要层次发展得越来越高，最后"自我实现"的需要达到了顶峰。马洛斯认为：只有下层的各种需要得到满足后，才能产生自我实现的需要。

只有满足了尊重需要，才能产生"自我实现的需要"

马斯洛需要层次理论的五个阶段
- 自我实现的需要
- 尊重需要
- 爱的需要
- 安全需求
- 生理需要

- **真心认可孩子**

曾在不同学校研究发挥儿童特长教育的美国詹妮弗·福克斯教育家说："要盼着孩子有个健全的未来，**父母首先必须想想孩子身上所有的与生俱来的价值。**"(《发现孩子的优势》)

换句话说，**想让孩子实现自我，就要满足孩子获得他人认可的需求。**

因此，最重要的是接受孩子本身。

如何接受"孩子本身"？

- **不附加条件**

有些父母自认为已经充分认可了孩子，但很多时候这些认可都是有附加条件的，比如"他很努力学习"或者"他取得了好成绩"等。

即使是成绩出类拔萃、努力勤勉的好孩子，还是会害怕孤独，恐惧失败。

只有当我们表达出"无论发生什么事，你都是我的珍宝"，"无论你会怎么样，我都最爱你"的真情时，才真正满足了孩子"被认可的需求"。

- **不强行建议**

对于某些问题，父母会根据自己的经验向孩子提出意见和想法。

但是,孩子并不是每次都在寻求父母的意见,很多时候他们只是想说给父母听听,想让父母接受。

对于孩子来说,父母的理解、信任是极为重要的。因此,如果以"仔细倾听"的姿态和孩子沟通,也许孩子会主动地向父母寻求建议。

■ 理解心情,而不是接受要求

理解孩子的心情和接受孩子的要求不是一回事。

白百何女子大学的发展心理学家秦野悦子教授说:"当孩子闹别扭、执意要做什么时,父母首先要理解孩子的心情,给予认可。"

然后,等孩子"获得理解"安静下来后,再向他解释为什么不能接受他的要求,并重新问问他有没有其他想做的事或想要的东西。

另外,秦野教授认为父母可以和孩子换个环境换个心情来沟通,或者**抱抱孩子,抚慰他的不安,让他安静下来**,这样做也会有效果。

42 不武断
——不用"评价"限制可能性

如果父母以"人的天资秉性无法改变"的观点来看待孩子,很容易对孩子的潜力、才能打上标签。这种从遗传和才华的角度来片面判定孩子能力大小的观念会影响孩子。**孩子自己也会认定自己没多大本事,再也没有努力前进的动力和意志了。**

但是,斯坦福大学的卡罗尔·德韦克教授认为,**如果孩子知道下面的内容,他的学习热情和进取心就会有所提高。**

"人的智力,每个人都是不同的。虽然很多人认为智力一辈子都不会有什么变化,但近些年的研究结果证明并非如此。大脑和肌肉一样,越用性能越好。科学已经证明,学习新知识能促进大脑成长,人会越学越聪明。"(《终身成长》)

■ **不同的思维方式,不同的能力发展**

德韦克教授回忆说,当她刚说罢这番话时,一个原先毫无学习劲头的少年竟然含泪告诉她:"原来我并不是天生的笨蛋。"

当她把"自己的头脑靠自己武装"这个意识根植到孩

子们心中时,他们不仅学习热情高涨,并且成绩也明显提高了。

她强调说,最重要的是父母要相信孩子,相信"孩子的能力一定能通过练习和学习获得发展"。

如何不以天资秉性来判断孩子?

■ 认识到"学习新知识,大脑会成长"

当一个人学习新知识,体验新事物后,他大脑的神经网络就产生了新的结合点,大脑就会进一步"成长"。

父母和孩子要了解大脑的发展结构,"我们越是动脑学习,脑细胞就会越成熟,以前觉得困难的东西就会变得越来越简单"。同时要认识到"**脑子没有什么好坏之分,学习和练习最重要**"。

■ 注意批评、表扬的措辞

父母有时候会极力夸奖孩子是个"天才",有时候也会贬低他"毫无才能"。这种给孩子天生的能力贴标签的行为是不可取的。**表扬孩子时要关注"过程",比如他用了什么方法,做出了多大努力,进行了什么样的选择,等等。**这样才有助于提升孩子的能力。

■ 不降低标准

父母认为孩子"看起来不关心学习""脑子不好使",即便是降低标准，情况也没什么好转。

德韦克教授研究发现，**那些看起来并没什么学习热情的孩子其实有很大的进步空间。**

如此，父母不应该胡乱地降低标准，而应该注意到"哪些地方他不明白""哪些方法出现了问题"，**和孩子一起想想如何才能修正错误，**这样才能充分发挥孩子身上的潜能。

■ 避免"过度努力"

有些孩子，有时候并非享受努力本身，而是**被"不能让满怀期待的父母失望"这种焦虑感驱赶着才去努力的。**

父母不要断定"自己的孩子不需要操心"，要注意自己是否在无意识中追求一个完美的孩子，**要注意去耐心地倾听孩子的声音，了解他真心想要的东西。**

■ 聊天儿的例子

"怎么了？妈妈（爸爸）能做点儿什么？"

"我真的明白你很担心。爸爸（妈妈）也经历过。"

"你发现的点真不少呢，真厉害！你觉得应该为此做些什么呢？"

43 不把意见强加给孩子
——与孩子保持适当距离

每个父母心中都有个"理想的孩子"形象。一旦现实中的孩子稍稍偏离这个形象,父母就会过于担心,不自觉地就说出多余的话,做出多余的事情。

父母眼中"鼓励的话""援助的手",**从孩子的角度来看,只会让他处于被动**。比如说,父母不顾孩子的心情,一本正经地讲大道理教训他:**"你觉得这就够了?""不许因为这点小事就哭。"** 孩子会有一种被人冷漠抛弃的感觉。

反过来,有些父母过于溺爱孩子,害怕他吃亏受累,就告诉他"你可能做不好,爸爸(妈妈)来替你做",把孩子成长路上可能出现的障碍物一一扫除,为他铺好"康庄大道"。**这样一来反而剥夺了孩子"体验"的机会,让孩子无法发掘自己真正的能力。**

很多父母意识不到自己的言行举止给孩子带来了影响。于是那些被强迫接受父母意见的孩子毫无办法,只能发脾气或是隐藏自己的真心敷衍了事。

亲子之间保持适当的距离是非常困难的,但是父母要有意识地**"既不放任不管,听之任之,又不亦步亦趋,溺爱代劳"**。

如何有意识地做到"不把父母的意见强加于孩子"？

■ 了解问题的真正根源

比如说，**如果孩子非常讨厌某个东西，可以好好跟孩子聊聊原因。**

当看见孩子没什么干劲，就好好和他聊聊缘由。如果真正原因是孩子害怕失败，那就告诉他"失败是成功之母"，鼓励他、支持他。如果真正原因是孩子怯场，那就和孩子一起想想解决的办法摆脱怯场情绪。父母要和孩子有"同感和共鸣"。

■ 加上一句"暂时不……"

卡罗尔·德韦克教授推荐父母利用"'暂时不'思维模式"转换思想。

当孩子说"我不会……""我讨厌……"时，父母可以用"暂时不……"句式来回应，比如说**"你只是暂时不会（暂时不想做），但只要稍微练习你就可能学会"**，让孩子改变现状，提高学习热情。

"'暂时不'思维模式"告诉我们：现在所谓的"不会、不懂""没有学习热情"也是通往目标点的途中风景。这种思维转换力的培养很重要。

■ 不把自家孩子和别的孩子做比较

父母的不安和担忧都源于拿自家孩子和别人家的孩子相

比较。**另外，孩子的心态变化也非常频繁，可能昨天还积极阳光，今天就变得消极沮丧。**我们需要注意到：孩子本身就很复杂，更何况不同孩子有不同的特点。

■ 不和父母小时候比较

父母如果自己是成功人士，也会想让孩子走自己的路以确保成功，或是把自己没有实现的梦想强加给孩子。让孩子幸福是天下父母共同的心愿。

然而，**孩子未来的幸福需要孩子自己去寻找。**父母要铭记于心的是：在瞬息万变的现代社会中，我们无法保证自己的标准和判断也适用于那个属于孩子的未来世界。

你是不是想当医生？
还是你想当护士？
我想做个自媒体人。

父母不要把想法强加于孩子

44 | 家庭旅行
——成长路上重要的非日常体验

旅行可以让人邂逅陌生的人和事，让人接触到自然、历史、艺术、文化，让人用五感体验"非日常"经历。旅行是开阔孩子视野的宝贵机会。

日本东洋大学国际观光学部的森下晶美教授称，从沟通能力、社交能力及对他人的关怀之心角度来说，**小时候家庭旅行体验较多的孩子，长大之后自我肯定感明显较高。**

日本观光厅的调查也显示：幼年时期旅行次数越多的人越感觉**其旅行经历对现在的自己很有帮助。**

如何设计一个美好的"家庭旅行"？

■ **决定旅行主题**

村田和子女士是一位旅行记者，她提出了通过旅行达到教育目的的"旅育"概念，并阐述了旅行在孩子成长中会起到的作用。她认为**家庭旅行可以事先设定"主题"**，可以根据孩子的年龄和成长需求选择合适的内容，重要的是如果孩子没什么兴趣就无须勉强，有机会再试就行。

父母可以根据孩子平时的兴趣为线索设定旅游主题，或者家人一起挑战"第一次"。**孩子也要主动地思考相关的主题。**

如今有各种各样的旅行主题，如"坐火车睡硬卧""体验挖掘化石""去牧场挤奶""挑战皮划艇比赛""观赏高山植物"等。

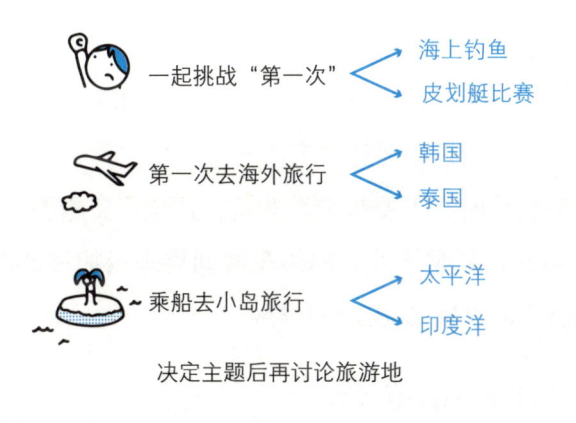

一起挑战"第一次" → 海上钓鱼 / 皮划艇比赛

第一次去海外旅行 → 韩国 / 泰国

乘船去小岛旅行 → 太平洋 / 印度洋

决定主题后再讨论旅游地

■ **召开旅游计划会议**

荷兰鹿特丹伊拉斯姆斯大学的调查发现，**旅行中幸福度最高的事情是制订旅行计划。**村田女士说："旅行不仅仅是简单带孩子出去玩，每个家人都应列出自己想去的地方、想要做的事，大家围坐在一起相互商量沟通"。

如果孩子年龄较小，还不会做旅行计划，父母可以按预算和日程安排做几个方案，让孩子做选择。这时候最重要的是**引导孩子说出自己的选择理由。**

143

- **一起做准备**

父母和孩子一起准备旅游的行李，商量活动内容，培养孩子的想象力。讨论方案、做准备时，有的人负责调查好交通路线，做旅游的"向导主管"，有的人负责做买特产预算的"会计主管"，等等。**让孩子做某一任务的负责人，可以提高他的自主能力。**

- **乘坐交通工具时增加沟通**

旅行少不了乘坐交通工具。但是儿童耳朵的前庭器官比较脆弱，长时间近距离地看东西容易晕车。

家庭旅行时，不要携带游戏机，让孩子**多看看窗外的景色，多和家人聊聊天儿。把乘车时间用来增加彼此的沟通，让家庭旅行的充实感更上一层楼。**

- **记录美好时光以便回忆**

记录下旅行的点点滴滴方便以后回忆。村田女士说自己**家庭旅行时，每个人会在明信片上写上一句话作为旅途记录，然后把明信片寄回家里。**过了几年以后再拿出来看，会发现孩子会写的字逐渐增多，让人不禁感叹孩子的成长。

对于孩子来说，这种旅途记录会唤醒从前的回忆，那些愉快的旅途回忆有助于他的心灵成长。

45 让孩子品味"小欢喜"

——打败悲伤的"欢乐存款"

日常生活中的"小欢喜"能带给人积极向上的情绪。哈佛大学原讲师、积极心理学家肖恩·埃科尔博士称：**积极情绪能开阔人的视野，对压力和焦虑等坏情绪有强力"杀毒"效果。**

澳大利亚墨尔本大学的积极心理学家莉·沃特斯教授说，我们可以把生活中的"小欢喜"当作**"快乐存款"**积累起来，在悲伤难过时取出来调节下心情，让自己重新振作起来。

如何感受"小欢喜"？

■ **让五感动起来**

让自己的视觉、听觉、嗅觉、味觉、触觉活动起来，就很容易发现身边的"小欢喜"。现在，被美国很多学校引入课程的"正念冥想"的**葡萄干练习能让感觉器官变得敏锐，对平复心情有很好的效果。**

做"正念冥想"时，首先要舒服地坐下来。捏起葡萄干，把它当作一个陌生事物，仔细地观察它的形状、色泽、触感和气味，然后把它轻轻地放入口中。**不要嚼碎，用舌头翻转葡萄干，感受它的味道和质地。**接着把它慢慢地咀嚼品尝后吞咽下去，感受它划过喉咙的感觉，想象它如何在身体里游走，如何融入血液流向身体的各个部分，又如何渗入骨头和肌肉当中。练习时**可以不用葡萄干，用巧克力或梅干等也可以。**

■ **蒙上眼睛吃饭**

据说，人对于外界的 80% 的信息是依赖视觉获取的。封闭视觉后，人的其他感觉器官会变得敏锐起来，能够**感受到平时发觉不了的"小欢喜"。**

起源于瑞士的"黑暗餐厅"概念曾风靡全球，**黑暗餐厅让人们戴着眼罩用餐，感受食物不一样的魅力。**

人们看不见自己的食物，同时会被别人吃饭的声音吸引注意力，因此必须依靠听觉去感受。如果和孩子一起这样吃饭，可以和他玩猜食物游戏，像做游戏一样享受美食。

蒙着眼睛猜食材也很有意思

- **制作家庭相册**

美国芝加哥洛约拉大学的社会心理学家布莱恩特教授认为，**过去的美好回忆能提高现在的幸福感。**

他推荐说："制作相册是记录美好时光的好方法"。我们可以**看着过去的一张张照片，和孩子一起用彩纸装点这些美好的回忆，怀着幸福的心情畅所欲言。**

- **给予**

加拿大的不列颠哥伦比亚大学的研究称，人与生俱来就有一种"助人为乐"的感觉。**就连两岁的孩子，比起获得帮助，也会在给予帮助时得到更多的愉悦感。**

帮家人干活儿，照顾弟弟妹妹和宠物，捐零花钱等，这些帮助他人的体验会给孩子带来很多的快乐。

46 关注孩子的优势
——有关注就有成长

因研究"幸福"而闻名的宾夕法尼亚大学马丁·塞利格曼教授说:**"拥有幸福人生的人总是了解自己的优势并善于运用它。"**

莉·沃特斯教授在调查中发现,如果父母倾向于关注孩子身上的优势,那十几岁的孩子身上就会表现出以下特征:

· 对人生的满意程度高
· 喜悦、希望等正面情绪强烈
· 充分理解自己的优势
· 利用优势,能在截止日前完成作业
· 利用优势,能解决朋友之间的问题
· 用积极的方法消除压力
· 日常生活中基本感觉不到精神压力

(出处:《优势教养》)

父母多关注孩子的优势,孩子的自我肯定感就会提升。

如何关注孩子的优势？

- **注意正向思维**

我们身上都有一种**忽视自身弱点的无意识心理机制**。但是糟糕的是，我们常常在无意识中把自身不愿意承认的弱点强加于别人。

这种现象在心理学上叫作"投射"，比如**父母嘴上说是为了孩子好，实际上是把自己的愿望寄托在孩子身上**。

更糟糕的是，从大脑的设计机制来看，人们会更频繁、更迅速地注意到错误的地方而忽略了正确的地方。因此，父母要有意识地提醒自己**不要总盯着孩子的劣势或缺点，忽视孩子的优势和优点**。

- **切换为"优势模式"**

沃斯特教授说，当我们陷于负面思维，只关注到孩子的劣势或缺点时，就要**有意识地将大脑切换为"优势模式"**。

切换时，先深呼吸几次，然后告诉自己"孩子有优势，只是藏着看不见，现在就打开优势模式开关吧"。

大脑的精力是可以朝着意识指引的方向流动的。 当父母有意识地将自己的注意力放在孩子的优势上，就会自然地关注到孩子的强项。

- **仔细观察孩子**

沃斯特教授认为优势有以下三个要素。

- 擅长：是否比同龄的孩子做得顺利，非常容易上手？
- 热情：做事情是否兴致勃勃，专心致志？
- 频率：在闲暇时做什么事比较多？

面对特别擅长的某个事情时，孩子做起来就会兴致勃勃，越发地专注其中，积极主动。这种优势**三要素的良性循环，更加促进了优势的提升。**

沃斯特教授说，这三个要素缺一不可，如果**只出现"擅长"要素，孩子并无"热情"，父母却逼着孩子去做，这看起来像是优势，但实际上不是真正的优势。**

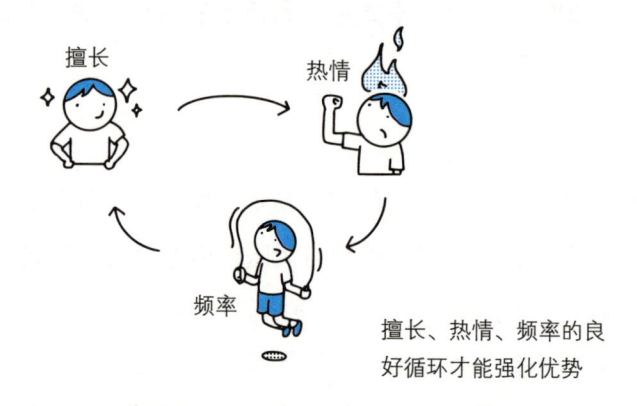

擅长、热情、频率的良好循环才能强化优势

■ 改变看法

某些看起来是弱势或缺点的地方，**只要改变理解方式，就可能变成优势。**比如杯子里有半杯水，有的人会说"杯子里只有半杯水"，而有的人则会说"杯子里还有半杯水"。所谓"横看成岭侧成峰"，这种现象在心理学上叫作"重构"，是实际中常用的心理疗法之一。

重构案例

- 厌烦→马上适应环境/好奇心旺盛
- 做事马虎/逍遥随性→心胸开阔
- 不稳重→有孩子气的纯真/有精气神儿
- 胆小/优柔寡断→慎重/谨慎
- 叛逆→有独立精神/有自我主张
- 不爱学习→有课外爱好
- 健忘→不固执/敢于挑战新事物

■ 挑出优势来告诉孩子

选出一个孩子的优势，**观察一星期，把自己发现的东西告诉孩子。**

比如"你努力完成了作业，这种有毅力、认真的品质真让人佩服"，"你帮妹妹穿衣服，我很高兴。你真有爱心"，等等。

还可以让孩子自己选一个优势，**让他自己说说自己的这个优势在哪些事上表现得很不错**。这也是一个让孩子意识到自己优势的好方法。

47 | 养宠物
——让孩子照顾宠物，培养爱心

我们把对于他人、动植物等比自己弱小的存在怀有慈爱之心，并想要照顾保护他者的情感称为"爱心"。这种情感孩子也有。

心怀"爱心"去照顾他者是生活动力的源泉。饲养宠物时，当宠物向我们央求食物，或受到抚摸而非常兴奋时，人会直接感受到自己的关爱获得了回报。

照顾小动物能让孩子心中萌生关怀和爱心，也能促进孩子的心灵成长。

如何省心地养宠物？

- **选择容易喂养的鱼和昆虫**

饲养鱼或昆虫，经济负担轻，并且基本没有噪声和臭味的烦恼，**省心省力。**

容易饲养的鱼有青鳉鱼、孔雀鱼、金鱼等，容易饲养的昆虫有西瓜虫、蜗牛、独角仙、蝗虫等。

- **管教宠物**

如果宠物是猫或狗，就需要多加训练，否则宠物会不听指挥，甚至攻击主人。

日本大手前大学现代社会学部的心理学家中岛由佳副教授告诫大家："对宠物毫无原则的溺爱会提高宠物不良行为的概率。"（《人与动物关系的心理学》）

如果宠物发现"自己的要求总能获得满足"，它就会以为自己是家庭中的首领，**当家人的言行威胁到它的地位时，它会感到压力。**

特别是宠物出生三个月之后，对于新鲜的刺激，恐惧心理多于好奇心，**宠物身心焦虑就容易造成攻击行为。** 中岛副教授说，所谓三岁看老的谚语也适用于动物。

- **在学校养动物也可以**

中岛副教授的团队研究表明，即使在家没养过小动物，在学校认真学习饲养动物的知识，培养关爱动物的精神，孩子也会拥有一颗对他人关心关爱的心灵。

在学校里，**当孩子照顾完小动物，抱抱摸摸它们的"亲密时间"也是非常重要的。**"亲密时间"的体验可以让孩子感受小动物的喜好，加深孩子和小动物之间的感情。

- **让孩子给小狗读书**

在这个过程中，孩子不用担心其他人的眼光，也没有出错后被人嘲笑的压力，能够放松紧张情绪，专心阅读。

当你发现孩子遇到不懂的单词时,你可以说:**"小狗是第一次听到这个单词,你教教它是什么意思吧。"** 然后和孩子一起查字典。有狗狗在身边陪伴,即使孩子读不懂,也不会感到害羞,可以按着自己的节奏来学习。

对着小狗读书,孩子不再紧张,
可以大声地朗读

第4章

培养创造力

众多"刺激"给孩子带来机敏头脑

48 | 让孩子学乐器
——在享受中增强创造力

创立音乐智能研究所的美国佐治亚州立大学的保劳格·科迪亚教授的研究明确表明，音乐是数学和科学的"创造性的点火者"。

另外，他认为音乐和艺术是"人们生活和心灵的基础"。

美国佛蒙特大学的詹姆斯·胡德齐亚克博士的研究也证明练习乐器在培养孩子独创性和表现力方面有巨大效果。

虽然音乐课在学校属于非学科类课程，但它是培养创造性不可或缺的一环。

如何让孩子学乐器？

- **最佳的开始时间是 5~9 岁**

南加利福尼亚大学桑顿音乐学院的罗伯特·库选塔教授称，从孩子大脑发育的角度来看，孩子最好在出生以后就开始聆听音乐，从 5 岁左右开始尝试体验学习乐器的课程，在 6~9 岁可以真正开始练习乐器。

- 练习钢琴

弹钢琴时,演奏者要控制每一只手掌、每一根手指的不同的动作,同时要处理好"现在演奏的音符""下一个弹奏的音符"等庞大的信息量,也就是说要同时刺激掌握感性信息的右脑和处理语言、逻辑信息的左脑。**练习钢琴对提升人的规划能力、社交能力、问题解决能力、运动能力、语言能力等有重要作用。**

- 练习小提琴

教授众多孩子音乐课的小提琴演奏家西谷国登先生说:"小提琴很方便合奏,因此,小提琴手有机会与合奏人在练习时多加沟通,培养他的社交能力。"

而且,小提琴又小又轻,容易携带,是一种易于社交、音色悦耳的乐器,而且比钢琴便宜。如果孩子从小长期练习小提琴,需要随着孩子的成长及时更换合适的琴。

- 练习架子鼓、吉他

近几年架子鼓和吉他的培训班也特别受欢迎。尤其是架子鼓,只要敲击就能发声,受到不少孩子的青睐。**玩架子鼓需要动用全身力气,也能有效提高孩子的运动能力。**

刚开始学吉他会比较难。不过吉他多用于给耳熟能详的流行音乐伴奏,同时价格比较亲民。这也是吉他受欢迎的原因。

- **每天进行短时间的练习**

如果父母逼着孩子长时间练习乐器,孩子就会讨厌练乐器。**以各年龄段孩子的注意力时间来定练习时长比较好。**同学习时间一样,也要提前规定好练习时间,比如在饭后或者洗澡前的时间段进行练习。

积极心理学家米哈里·契克森米哈赖教授认为,集中练习的诀窍在于**"总能明确目标"。**并且,重要的是这个设定的目标应该是"努力多次练习能达到的目标"。

如果孩子能理解自己现在的目标,知道自己要在哪个地方下功夫,就容易集中精力练习。

设定努力一下就能达到的"明确目标",
孩子更容易集中精神

49 | 沉浸式体验
——让孩子活动身体，刺激五感

被誉为"儿童编程教育之父"的美国麻省理工学院发展心理学家西摩·佩珀特教授曾说过一句话：

"知识只占事物理解的一小部分，**而真正的理解是从体验中获得的。**"

这位知名教授认为，除了课本上的知识，人们会对那些自己体验过的，反复试错后获得的知识理解得更深刻，学习得更深入。

让孩子体验什么？

■ 体验大自然，刺激五感

"**蒙台梭利教育**"是一种培养孩子独立自主能力的教育方法，曾影响过美国前总统奥巴马。

蒙台梭利教育特别注重"感觉教育"。孩子的感觉是极为敏锐的，因此对右脑的刺激会建立起理性智慧行为的基础。**通过训练孩子的视觉、听觉、嗅觉、味觉、触觉五感，**

能提高孩子的创造力和表现力。

因此，蒙台梭利教育很重视让孩子通过自然体验或帮忙做家务来活动身体，刺激五感。

作为近几年广受关注的幼儿教育方法，瑞吉欧·艾米里亚教育体系被迪士尼和谷歌公司总部的内部托儿所所应用。这种教育方法的核心也是**促使孩子自主思考，控制手指，行动起来，去享受游戏过程。**

在自然中，通过游戏培养五感敏锐度

■ 完全变身"专家"

有各种教育经验的日本东京学艺大学原副教授岩濑直树先生提倡"自我主动型"学习。

他在小学当教师的时候，曾在教学中引入了"作家时间"环节——**让学生扮演作家角色，根据自己想写的主题来写作，并让作为读者的同学阅读这个作品。**

学生先写出草稿，反复阅读，然后重新修改后誊写出来，让别人阅读。当孩子获得别人的点评或反馈，会写出更好的作品。反复体验这种"作家时间"会磨炼孩子的写作能力。

在孩子眼中死板无趣的"作文时间"变成了"畅所欲言的时间"，他们体会到并享受着这种自由创作的乐趣。

另外，有很多孩子在儿童体验乐园趣志家①中体验过某种职业后，便决心以其为目标开始努力了。孩子**彻底扮演某一个角色，对这个角色的职业产生热情后，就会主动地朝着目标前进。**

■ 进行创作活动

创作活动就是一种直接的体验。除了"作家时间"，编程也是创作活动之一。**孩子自己先决定制作什么东西，然后思考如何实现它。这种体验能激发孩子的创造力。**

另外，微观装配实验室（Fabrication Laboratory，简称FabLab）作为未来教育环境的概念之一受到全球关注。

FabLab指的是利用三维打印等尖端设备实现简易造物的工作室。这一概念2002年起源于美国麻省理工学院，现在已在90个国家和地区发展出约1000多所类似概念的实验室。

由于机械设备的价格逐渐降低，日本也慢慢出现越来越多的FabLab。在这样的实验室体验创作活动，能让孩子制造**独一无二的原创作品，同时增强自信心。**

---

① 趣志家（Kidzania）是全世界第一家儿童体验式主题乐园，2006年进入日本，在这里，3到15岁的孩子们可以体验自己喜爱的职业，在玩乐中学习社会、认识社会。

50 不给孩子设限
——父母要管住嘴，不插话

美国苹果公司的联合创始人史蒂夫·乔布斯曾说："**创造性其实就是把各种事物联系在一起的能力。**"

技术只有和各种不同的学识素养联系起来，才能带来令人惊艳的成果。正是这种信念促成了 iPhone 手机和 iPad 平板电脑的诞生。乔布斯极为重视的"**博雅教育**"起源于古希腊罗马时代的"自由七艺"（文法、修辞、逻辑、算术、几何、天文、音乐），是一种有别于专业知识或职业训练的通才素质教育。在如今这样一个提倡突破传统、追求创新的时代，世界更重视**打破学科和领域之间的壁垒，掌握广博的知识素养**，而不是"闭门造车、心无旁骛"。

怎样做到"不给孩子设限"？

- **摒弃命令型语句**

如果父母常常把"你马上去做××！""你应该（不应该）做××！"挂在嘴边，孩子就会放弃自主思考。这种命令、禁止或限制的表达被称为"你讯息"。

相反，对自己的情绪的表达称为"我讯息"，比如"我真是担心……""因为……我很放心"。孩子听到"我讯息"，**会把它当作忠告或者建议，就会开始自己开动脑筋想问题。**而命令型的"你讯息"对培养孩子的自主思考和自主行动会起到反作用。

■ 不贴标签

假如孩子数学考试成绩不理想，他听到周围人总是说"我也不会数学，跟我一个样儿""咱们全家都是文科生"等，那么他会深信自己就是天生不擅长数学。**心理学上将这种因周围人的低期望而表现不佳的现象称为"戈莱姆效应"。**

随意判定孩子"擅长……"或"对……毫无帮助"，**只会让孩子的视野变得狭窄。**

如果看见孩子正在做的事与学习毫无关系，并毫无帮助时，只要孩子感兴趣，父母先默默观察就行了。

■ 尊重孩子的选择

如果父母按自己的标准限制孩子的选项或者代替孩子做选择，很有可能抹杀孩子潜在的可能性。因为，**没有证据能证明父母的判断绝对正确。**

无论是今天穿什么衣服、今天玩什么游戏、想上哪个培训班，还是将来愿意从事哪个职业……，**把大大小小的选择权交给孩子。**父母只需给出建议或者帮忙查找信息就行。

一旦孩子的选择不是父母所期待的，超出了父母设定的范围，父母往往忍不住想否定。

但是请忍住！父母可以扪心自问：这种不想让孩子超出自己控制范围的想法难道不是一种自以为是吗？

也许孩子会遭遇失败，但我们要把失败看作孩子成长的机会，尊重孩子的选择。

包括失败在内的所有经验都有助于培养孩子的抗压能力，而且各种经验可能就促成了孩子未来的可能性。

让孩子养成自己思考、自己决定的习惯

51 与电子游戏打交道

——利用游戏，增强沟通

让孩子废寝忘食地沉溺虚幻世界的电子游戏（电视游戏、电脑游戏）长时间遭人诟病。但是，有研究发现电子游戏也有教育效果，还有各种各样的优点。

比如**有一款叫作"我的世界"的游戏**，已经被一些国家应用在教学上。游戏中，玩家可以使用像乐高一样的方块制作自己喜欢的物品，和乐高不同的是，玩家可以自由地控制自己制造的东西并获得乐趣。

而且，玩家在创造个性世界的过程中，还能制作砍树的斧头或者挖土的铲子等工具，思考如何高效地收集材料等，边玩边获得产生各种奇思妙想的创造力和解决问题的能力。

瑞士日内瓦大学的神经心理学家达芙妮·芭菲莉亚认为，**动作游戏对专注力、计划能力、批判性思维能力、反射神经、立体认知能力（旋转脑中所描绘的物体的能力）等有强化效果。**

在美国，已经有游戏开发人员联合教育专家开始着手建设以游戏为基本课程的学校了。

专注研究游戏与教育关系的东京大学讲师藤本彻说：

"父母与其担忧孩子玩游戏，倒不如积极地参与其中，孩子能体验到游戏的正面影响，不容易上瘾。"

如何与游戏打交道？

- **让孩子在父母视线范围内玩游戏**

让孩子在父母能看见的地方打游戏，这样父母能认真观察孩子玩游戏的状态。让孩子严格遵守"**不把游戏机拿回自己的卧室**""**游戏机和充电器放在客厅指定位置**"的规定。

- **注意充值游戏**

很多网络游戏和手机游戏虽然宣传不收钱，但会利用人的侥幸心理，引诱玩家购买游戏道具。当孩子用父母的手机或平板电脑玩游戏时，**有时候会在无意间充值游戏。这一点需要父母注意。**

- **特意聊聊游戏**

藤本讲师指出："有很多父母会和孩子兴致勃勃地聊足球、棒球，却因为对电子游戏没兴趣，和孩子聊不起来。很多时候因游戏出现亲子不和，主要是这类沟通不足引起的。"

父母可以积极地聊聊游戏，**或是让孩子教教自己怎么玩，实际体验一下电子游戏。**游戏也就变成了亲子沟通的切入口。孩子能感受到亲子之间信赖关系的增强，**慢慢地主动控制玩游戏的时间，也开始萌发出自律心。**

要打破这面墙哟。

第1关　00681

怎么到下一关呢?

父母和孩子一起玩游戏，问问孩子怎么玩，把游戏当作亲子沟通的工具

■ 试着说"赶快去玩游戏"

父母有时候认为孩子不守规矩，戒不掉游戏，就会生气地封掉游戏。

但是，**越是禁止的事情反而越容易引发人的好奇心，让人产生逆反心理。**这种现象在心理学上被称为"卡里古拉效应"。

换句话说，比起被禁止玩游戏，当孩子每天被强制去玩游戏，并且游戏期间还被多次干涉，**孩子反而容易失去玩游戏的兴趣。**

藤本讲师说："父母总是特别注意到孩子在玩游戏，但其实孩子上了一天课，只是抽出一点儿休息时间来玩游戏而已。如果严厉地禁止游戏，会让孩子私下里偷偷地找时间玩。如果父母定下**'认真做完作业或家务活儿后，就可以痛快地玩场游戏'等规矩**，就会促使孩子主动地思考自己应该怎么安排玩游戏的时间，做出父母所期待的行为。"

52 培养孩子的好奇心
——父母也要有探索欲

好奇心是创造力的源泉。爱因斯坦曾说过:"**拒绝感动的人和死人一样。**"跃跃欲试的激情会让人积极主动地采取行动。

2012年经济合作与发展组织对16~65岁的人进行的调查发现,日本人的学习能力虽然在数字思维力方面居世界前列,但学习新事物的热情却比较低。**20岁的日本年轻人的好奇心竟然和瑞典65岁的人相同。**

现代社会技术迅猛发展,只要上网查一下就能获知很多信息。但有专家指出,科技带来的轻松和便捷也有弊端——**人们对陌生事物积极深入挖掘的好奇心在逐渐降低。**

"想知道新事物""学到新知识感觉很快乐",父母想培养孩子的这种对新鲜事物跃跃欲试的兴奋感,"感动"体验是必要的。

如何培养好奇心?

- **不要马上告诉孩子答案**

    想知道的信息,一般上网一查就能得到答案,甚至如果不断地点击相关链接，就会不断地得到各种信息。

如果父母面对孩子的提问马上给出答案，孩子就觉得问题已经解决了，但很多时候他只是知道了答案而已，却**并不知"所以然"，没有深刻地记在脑中。**

如果不能马上得到答案，孩子心里就期待获得答案，会自己跑到图书馆或网上去查资料，这种花时间去找答案的方式更能增强他的好奇心。

父母可以教教孩子如何自主查资料，以这种方式支持他。

■ 放本图鉴

日本东北大学的脑科学家泷靖之教授建议父母可以在孩子常待的地方放上百科图鉴，比如关于恐龙、宇宙、昆虫、动物、鱼类、植物、人体、岩石等的图鉴。(《图鉴培养聪明娃》)。刚开始父母可以和孩子一起阅读，还能问问他"**还有没有其他的问题**"等，引导他去查资料。近些年的图鉴还附带有视频，画质清晰，让人仿佛身临其境，更容易激发孩子的好奇心。

■ 让孩子沉浸在兴趣中

即使孩子只对口袋妖怪或者超级战队英雄感兴趣也没关系，让他尽情地沉浸于其中。**全身心地投入某个世界的经验是培养好奇心的动力源泉。**

并且，战队英雄或口袋妖怪参考的原型知识有很多，沉浸其中也会激发孩子对宇宙、星座或恐龙的兴趣。

- **父母也要有好奇心**

如果父母只是单方面地扔给孩子图鉴,命令他阅读,自己并没有对图鉴表现出任何兴趣,孩子也不会萌生什么好奇心。**父母自己也要有好奇心,养成一有不懂的地方就主动调查的习惯,迫不及待地告诉别人自己新学到的知识。**孩子看见父母的样子,就会有劲头想要学习新的知识、本领了。

- **带孩子外出**

看到孩子从图鉴上学到新知识后,父母可以带着他外出,到大自然或者博物馆看看,挖掘新知识。孩子先从书本中认识新事物,然后又用五感感受实物,大脑获得大范围刺激,能打好好奇心的基础。

在大自然中验证从百科图鉴中获得的知识

53 用"肯定表达"对话
——转化消极的思维方式

人们因为很难忘记负面情绪或摆脱消极思维，往往会一味地沉溺其中无法自拔。

这是由于人类在进化过程中，对某些事物怀有恐惧、不安、愤怒等负面情绪，为了保证自己远离危险，大脑把负面情绪认定为重要事项。

负面情绪会给人带来紧张、疲倦、无精打采和自卑，让人不由自主地恐惧失败，对于新事物难以鼓起挑战的勇气、迈出行动的步伐。

因此，伊奥娜·博尼韦尔博士把负面情绪比作**"站在肩膀上教唆思维坏习惯的鹦鹉"**，她提出改变孩子感受方式的方法。

负面情绪"鹦鹉"有七种类型：爱说"都怪别人"的责怪型鹦鹉、爱说"那个不对"的正义型鹦鹉、爱说"自己不如别人好"的失败者型鹦鹉、爱想"一定有坏事"的重度焦虑症型鹦鹉、爱说"绝对做不好"的放弃型鹦鹉、爱说"都是我的错"的负罪感型鹦鹉，以及爱逃避问题说"跟我没关系"的冷漠型鹦鹉。

当孩子陷入负面情绪时，父母要和孩子一起想想**他肩膀上站着哪类"鹦鹉"，然后一起想办法把"鹦鹉"赶走。**

把"鹦鹉"灌输的否定性话语转换为积极肯定的内容。

让孩子换换心情，引导他积极的情绪和乐观向上的行动。

如何用"肯定表达"说话？

■ 改变"鹦鹉"的话

首先，父母要对孩子的负面情绪表示共鸣，如"确实是这样""我很明白你的心情"。然后在此基础上，鼓励孩子试着从积极的角度去思考。

让孩子先想想"鹦鹉"说的话，在后面加上个"但是"，然后和孩子一起想想"但是"之后添加什么内容能使人变得积极起来。

比如说，责怪型鹦鹉或正义型鹦鹉会说"都是那家伙的错"，接着，孩子可以加一句**"但是，我自己可能也有不对的地方，先从我开始改正吧"**。

焦虑症型鹦鹉会说"真担心能不能做好"，接着，孩子可以加一句**"但是，就算做不好，说不定能收获经验"**。

放弃型鹦鹉和失败者型鹦鹉会说"我不可能学会"，孩子可以加一句**"但是，再加把劲儿看看吧"**。

像这样反复练习，负面情绪会逐渐变成积极的情绪。

■ 想想把什么样的"鹦鹉"放在肩膀上

父母和孩子一起想想，赶走消极的"鹦鹉"以后，**该把什么样的"鹦鹉"放在肩膀上。**

比如告诉我们"没问题，做了就能学会"的鼓励型鹦鹉，告诉我们"做得真棒，放松，放松"的放松型鹦鹉等。孩子可以发挥想象力，让那些给自己加油打气，让自己不再焦虑，放心前进的"鹦鹉"站在自己肩膀上。

■ 重视"好的，那么……"句式

当孩子说起自己的梦想时，内心会充满积极乐观的情绪。但是大人总是很现实，**有时候还会泼冷水："这还真的实现不了……"**

还有一种说法是"这真是个绝妙的想法，但是……"。这种先肯定，然后以实现可能性低为理由最终否定的"好的，但是"句式会带领孩子走向消极情绪。

在美国硅谷总是洋溢着决不阻遏自由灵感和奇思妙想的"好的，那么"思维方法。这种**"好的，那么……"的问法能让人进一步对奇思妙想进行深入思考和挖掘。**

同样，父母对孩子也要采用这种积极的沟通方式。"那么，能出现什么东西呢？""那么，怎么做才能实现呢？"这样才能培养孩子积极向上的情绪。

54 | 让孩子接触艺术
——轻松谈论各种感受

美国顶尖美术大学，罗得岛设计学院前院长约翰·梅达曾这么说过：

"20世纪的世界经济是由科学和技术改变的，**但改变21世纪世界经济的是艺术和设计。**"

事实上，近几年来，艺术被当作打破固有思维、带来自由发散型思维的途径，越来越受到商业世界的重视。

真正的艺术品所带来的感触和感动能够激发人的创造力。美国哥伦比亚大学艺术教育中心的调查表明，**接受艺术课程越多的学生，他的创造力就越高。**

日本东京工艺大学的平面设计师福岛治教授说："**艺术鉴赏能刺激人的右脑，给人带来非日常的灵感和启发。**"而且，表达出自己的感觉，聆听其他鉴赏者的评价和解释，也能获得崭新的想法。

如何有效地接触艺术？

美国纽约现代艺术博物馆编撰的《对话型艺术鉴赏法》

的教学大纲要求，每个小组用 15~20 分钟认真鉴赏一个艺术作品，然后让专业的博物馆研究员做引导，**和学生相互谈谈作品带来的感受和思考。**

这个教学大纲被应用于世界各国的教学课堂上，特别是美国，有大约 300 所学校和 100 多所美术馆、博物馆引进这一鉴赏法。一家人出去看展览，也可以参考这种鉴赏法。

■ 轻松上美术馆

去美术馆时，不需要做特别的准备，也无须担心孩子会不会看不懂、是否感受不到乐趣"。就当作一次看真品的机会，带着孩子轻轻松松地随意去享受艺术就行。

■ 选择自己喜爱的作品

没必要非得知道作品的创作者是谁，使用了什么创作手法，创作于哪个时代等知识。索性不涉及什么艺术专业知识，以全然陌生的心态去欣赏作品，选择父母孩子都喜欢的艺术品。

■ 亲子对话

然后，父母孩子都看着这件作品，展开想象力。"对话型艺术鉴赏法"**要问三个问题。**

· 这个作品讲了什么故事？
· 从作品哪里可以看出来？
· 还有别的发现吗？

这些问题没有标准答案，可以深入挖掘各种奇思妙想。

当孩子的发言不成熟时，父母可以组织语言，帮孩子总结一下，孩子听了也能学习到新东西，增加词汇量。

讲的是什么故事？
从哪儿看出来的？
还有其他发现吗？

多多提问，提高孩子对艺术的兴趣

■ **接纳多种意见**

福岛教授说："对话型艺术鉴赏可以接触到各种各样的意见，让人体验到'**大家各有各的想法**'。"家人和朋友之间自由发言，培育接受不同意见的土壤，更有益于滋养新想法、新思维。

55 让孩子保持专注
——不要打扰"心流"

一个人深深地专注于某件事时，常常忘记了自己的存在，忘记了时间流逝。积极心理学家米哈里·契克森米哈赖教授将这种现象称为"心流"体验。通常情况下这是人们在做自己喜欢的事时的体验。

契克森米哈赖教授调查发现，**那些有充沛创造力的艺术家、科学家、体育选手等活跃在各个领域的人才毫无例外都有"心流"体验。**

在"心流"概念出现之前，儿童教育家兼医师玛丽亚·蒙台梭利博士就开始持续关注沉浸在自己世界的孩子们。这种忘我的体验也成了"蒙台梭利教育"的中心内容。

另外，哈佛大学商学院的社会心理学家特蕾莎·M.阿比尔教授称，相比于奖励、金钱、好评等外部刺激，**那些源于内心的兴趣、乐趣、满足感、成就感等驱动力越高的人，创造性越大。**

孩子什么时候会出现心流状态？父母认真地观察观察，就会找到孩子喜欢做、愿意做并能做好的事情。

如何让孩子体验"心流"?

- **建立简洁的环境**

教育心理学家米切尔·雷斯尼克认为**要想培养孩子的创造性,就要简化环境。**

在简洁的环境中,孩子的注意力不容易受到干扰,他能专注于自己感兴趣的东西,发挥想象力,开动脑筋思考问题。如果无法简化环境,用布蒙住书架或玩具筐也有效果。

- **关闭屏幕**

美国坦普尔大学发展心理学家凯西·赫什-帕塞克说有98%的人不擅长多任务处理。**要集中精力,就应该隔绝周围的刺激和噪声。**特别是现在智能手机的诱惑特别强,孩子们特别容易**因发光的屏幕而走神。**

在集中精神专注于一件事时,最好远离手机、游戏机、电视。

- **增加孩子积极活动的时间**

父母需要注意的是孩子如何度过自己的自由时间,是积极的,还是被动的?凯西·赫什-帕塞克说,孩子在自由时间看电视放松身心或者到商场闲逛的方式并非不可取,**问题在于是否过度。**

如果人被动度过自己的自由时间,虽然消耗的能量较少,但之后会很难体验到心流。

契克森米哈赖教授的研究发现，自由时间内积极地实践体育运动或兴趣爱好的人，比被动进行活动的人，心流体验多出三倍。

另外，在德国进行的大规模调查表明，**书读得越多，心流体验就越多，而看电视则正好相反。**

■ 不着急

据称，好莱坞鬼才导演斯蒂文·斯皮尔伯格的母亲从不督促儿子学习，她总是默默地观察儿子用8毫米摄像机拍摄玩具车撞车的影片，守护着沉浸在电影世界中的儿子。

一旦孩子进入了兴趣世界中，**父母要重视这种忘我的状态，**尽可能地不要催促他"待会要做××你要快点儿！"，或者丢一句"好了，结束了！"，中途打破他的状态。

■ 父母也要找到自己专注的事情

当孩子注意到父母开心地做一件事时，他也会产生兴趣，并会很快模仿父母的样子，**受到感染，变得兴奋，跃跃欲试起来。**

56 让孩子动手尝试
——在实践中找到答案

日本庆应义塾大学的井庭崇教授认为社会每个时期有相应的"关键字",比如日本经济高度增长期的关键字是"消费"、21世纪初的关键字是"信息"(沟通),而未来的关键字是"创造"。

他说**未来社会越发地重视通过真正的创造经验去习得知识、获得技能、开拓世界,进一步成长的学习方式。**

创造不仅指物理上的"造物",也包括针对社会的各种问题提出新的解决对策,建立新的计划或构想。

创造并没有唯一的正解,而是通过与他人通力合作,**坚持不懈地进行反复试错,找出属于自己的答案。**

■ 掌握"反复试错"的力量

麻省理工学院发展心理学家西摩·佩珀特教授曾说过,边做边学中最重要的是"修正错误,重新制作,再次运行的'调试'(排除程序错误)过程"。

加利福尼亚大学伯克利分校的社会学家克里斯汀·卡特列出了一些父母总结的几条让孩子进行"调试体验"的心得。

如何动手尝试？

■ **给孩子专用空间**

为了让孩子自由自在地建立自己的世界，先给他一个专用的"造物"空间。在那里，他能乱扔东西，怎么弄都没关系。

■ **确保孩子的自由时间**

大人决不打扰和干涉孩子，确保孩子能自由地度过自己的时间。但是孩子不能玩游戏机或现成的玩具。

■ **准备材料**

在孩子的造物空间中放好作画或创作的工具，比如说积木、绘画工具，以及旧衣服、空箱子等不用的东西。卡特认为父母不用的旧照相机也是适合让孩子把玩的好东西。

■ **父母不做判断**

如果孩子想要去做什么时，大人断定"这个不可能""我的想法才行"，孩子的创造力就会逐渐枯竭。

对于孩子想做的东西、想干的事情，大人无须判断，让孩子按自己的想法反复实验即可。

■ **让孩子学习编程**

除了卡特列出的以上四点心得，**编程也能让孩子体会到"造物"的乐趣。**

一般情况下编程不会一次就成功,需要进行多次"调试"才能让程序按照预期运行。

孩子学习编程最大的意义在于掌握**通过坚持不懈地多次反复修改最终获得成功的能力**,而不是照搬别人的正确答案。

通过"造物"的反复试错,
掌握坚持到底的能力

57 为想象力插上翅膀
——现在的"浪费时间"会变成未来的助力

心理学家维果茨基曾说过"人的想象力是创造力的重要基础"。他还认为<u>游戏和兴趣中隐藏着创造性的种子。</u>

想象力不只限于艺术领域,在科学和日常生活中也是不可或缺的。维果茨基认为<u>想象力并不是一部分天才独有的特殊能力,而是每个人都具备的。</u>

巴勃罗·毕加索说过:"每个孩子都是艺术家。问题是当他们长大成人之后,是否依然是艺术家。"不要损害孩子与生俱来的想象力,要努力丰富他们的想象力,这是孩子们创造崭新未来的重要力量。

如何让孩子拥有丰富的想象力?

■ 让孩子自由玩乐

开发儿童使用的编程语言 Scratch(全球少儿图形化编程工具)的米切尔·雷斯尼克博士关注到幼儿园孩子的学习方式,他说"每个年龄段的学习者都应该像幼儿园的孩子一样学习"。同时他认为,<u>孩子们自己选择游戏、享受游戏、做实</u>

验、创造新东西、体验各种各样的挑战，这种经历非常重要。

但是，如果孩子把每天的时间全部用来学技能，或是完全泡在电视、游戏、视频的世界中，那我们就无法发觉孩子内心萌发的想象力。

父母要给孩子自由安排的时间，并让孩子按照自己的节奏悠闲自在地度过他的自由时光。

■ 不要给孩子过多玩具

美国托莱多大学的儿童教育研究团队称，玩具少的孩子更能够长时间集中注意力，有更强的钻研劲头，更容易发挥想象力。

对孩子来说，空箱子和空罐子之类的东西简直乐趣无穷，比玩具更能启发想象力。

■ 让孩子和朋友玩游戏

在玩游戏和制作东西时，孩子如果有可以合作、分享、相互刺激的伙伴，更能够发挥自己的想象力。

■ 阅读

读书能让孩子在想象中体验现实中难以体会的事情。父母给孩子读书是和孩子一起进入想象世界的快乐时光。

■ 对话

语言的发展会影响孩子的想象力。发展心理学家渡边弥生教授认为，如果孩子说云彩"看起来像××"，大人不仅要应和，最好还要说"妈妈（爸爸）觉得像××"，告诉孩子云彩在自己眼中的样子。

通过这些对话，孩子能丰富语言，开拓想象的世界。

> 坐在那片云上，能去宇宙吗？

> 云彩好像软绵绵的床呀，里面有什么呢？

一来一回的对话，刺激孩子的想象力

■ 重视"徒劳和浪费"

心理学认为想象不是凭空冒出来的，而是以过去经验为素材产生的。即便是一些在大人看来无法理解的"无聊小事"也是一种体验，一点一滴的体验是孩子成长必需的。即使看上去孩子好像是在做浪费时间的事情，父母也不要干涉，默默地守护着孩子就行。

58 体验正念冥想
——亲子互动多欢乐

正念冥想是冥想法之一，目前最先进的脑科学和精神医学领域也在对此进行研究。在正念冥想练习中，人们有意识地觉察当前一瞬间的一切，**并单纯地全然接纳一切，释放大脑的疲劳。**不安、紧张、精神压力等一切负担随之逐渐减轻，**内心更加松弛、更加乐观，幸福度也随之升高。**

正念冥想法备受社会关注，并广泛传播。鹿特丹伊拉斯姆斯大学的研究团队称，**每天 10 分钟的正念冥想有提高创造力的效果。**

如何愉快地冥想？

- **缓慢盘坐，均匀呼吸**

挺直后背坐下，放松腹部和肩膀。也可以盘腿坐下。手放在大腿上或者贴着腹部。眼睛可以闭上也可以轻松注视前方。慢慢地用鼻子吸气，腹部凸起，然后轻轻呼气，腹部凹下。注意空气在鼻腔中进出的感觉。**想起其他事情时也不用着急，慢慢让意识回到呼吸上。来回做 3 分钟左右。**

- **注意身体活动**

美国耶鲁大学的久贺谷亮医师建议我们,如果不方便坐着一动不动地冥想,可以进行**"运动冥想"**。这种冥想法能让人仔细地观察身体的动作,来消除大脑中的杂念。

比如,张开腿,让腿部与肩同宽,有意识地观察"肌肉和关节是如何活动的"。放松手臂,将手臂慢慢从下向上抬起,举起手臂后停顿一下,感受自己的肌肉和肩膀的打开状态。然后,慢慢地放下手臂再次感受。反复进行数次。

运动冥想的步骤

穿着宽松容易伸展的服装。
① 打开腿,与肩同宽。
② 放松手臂,从下向上慢慢抬起。
③ 举起手臂后停下,感受一下肌肉和关节的活动。
④ 慢慢地放下手臂。

- **固定时间,固定地点**

久贺谷医师说:"每天在固定地点固定时间练习,长时间坚持会收到良好效果。"

持续性活动对大脑的变化很重要。在没有游戏或电视等诱惑的安静地点,以每天 3 组,每组 3 分钟为目标,在睡前或洗澡后等固定时间坚持进行练习。

■ 父母孩子一起做

和父母一起做的话，孩子能较快形成习惯。另外，身体心理学学者山口创教授说，**孩子有压力的最大原因是父母有压力，父母多进行正念冥想练习，也能减少孩子的精神压力。**

■ 刺激触觉

山口教授称让孩子**进行身体的触觉练习也是正念冥想。**比如玩黏土、挖土、手指涂画等等，从这些刺激触觉的游戏中也能获得和冥想一样的效果。

59 | 允许孩子发呆

——孩子也会累

成年人大脑重量约占人体体重的 2% 左右，却消耗着人体总能量的 20%。而其中 60%~80% 的能量是被默认模式网络（Default Mode Network，简称 DMN）所消耗的。

DMN 区域一般在大脑清醒且没有意识活动即人发呆的时候进行工作，就像汽车怠速运转一样，为接下来的行为活动作准备，在联合统筹大脑各种活动的过程中发挥了极为重要的作用。

近年来，脑科学研究进一步发展，研究人员甚至怀疑 DMN 在无意识中可能会将我们脑中四处散落的"记忆碎片"联系整合，从而让人不由自主地产生"灵感"。

大人看见孩子在发呆，往往觉得他是在浪费时间，但其实孩子每天去上课，已经受到了足够多的刺激，他的身体和大脑比我们想象的更疲倦。

耶鲁大学设计的情绪教育工具——心晴表（Mood Meter）用坐标轴和颜色区别不同的心情。

父母总是期待自己的孩子处于身体能量高、心情很愉快的黄色区域。但是，对于孩子来说，在身体能量低、心情很

愉快、安稳悠闲的绿色区域里发发呆也是很有必要的。

发呆时间是培养孩子创造力的宝贵时间。

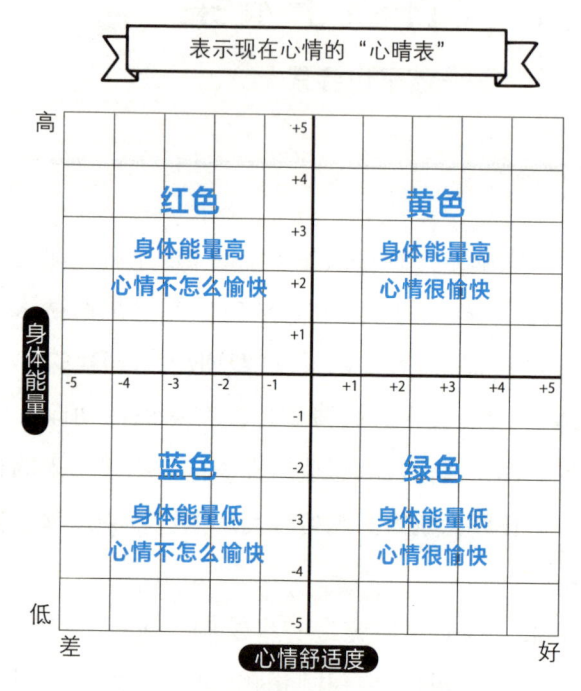

表示现在心情的"心晴表"

	心情舒适度(差 → 好)
身体能量高	红色:身体能量高,心情不怎么愉快 / 黄色:身体能量高,心情很愉快
身体能量低	蓝色:身体能量低,心情不怎么愉快 / 绿色:身体能量低,心情很愉快

(纵轴:身体能量 高/低,刻度 -5 到 +5;横轴:心情舒适度 差/好,刻度 -5 到 +5)

孩子在绿色区间悠闲发呆的时间也很有必要

如何发呆?

■ **保证发呆的时间**

保证孩子一天中有时间能迷迷糊糊地发呆。美国一所小学曾布置一项特殊的作业——**每天放空 20 分钟**。

家长博克女士为女儿布置了放有蜡笔等画画材料的"艺术屋",在那里,孩子每天都有 20 分钟的自由自在的时间,这个习惯一直坚持到了六年级。她认为这段时间的"放空"对女儿的成长至关重要。

她说:"每天放空 20 分钟很容易就腻烦了。但是,这种'腻烦'的反应也很重要。**人腻烦之后会有创造性。**"(《最高的教养》)

60 四面环书

——读书是使人聪慧的万能方法

拥有读书的习惯是各领域佼佼者共有的特征。书籍给予我们智慧，给我们带来对工作有利的信息，启发我们的新思维。

对孩子来说书籍也是开阔视野的重要工具。书籍让孩子邂逅各种魅力无穷的角色、找到新的兴趣爱好，令人心情雀跃。同时，书籍还是想象力和创造力的基础，还能培养出各种各样的能力。

其中一个能力就是**"理解能力"**。虽然在孩子小时候看不出来读不读书的区别，但是随着年龄的增长，这种差距会越来越明显。多伦多大学心理学家基思·E.斯坦诺维奇教授说，**读书也有"马太效应"**。马太效应指的是"富者更富，穷者更穷"的现象。有些孩子年龄越大，读书越多，理解能力就越强。而另外一些孩子，越不读书，理解能力就越下降，两者的差距就越来越大。

读书的第二个作用就是提高**"词汇量"**。倍乐生公司的词汇调查表明，在高中生和大学生中，对读书的好恶以及读书量的多寡与词汇量的高低有明显的正相关性。

读书量增加,词汇量也会增加,理解能力提高,就更喜欢读书,形成了一个良性循环。

读书还能培育人的**"关怀之心"**。日本国立青少年教育振兴机构 2013 年进行的"儿童读书活动情况及影响效果调查研究"表明,从小读书较多的人,乐于助人的意识也较高。

如何让孩子喜欢读书?

- **把书架放在客厅**

把书架摆在家里的客厅等家人聚集的地方。书架上层放大人的书,下层放百科全书、图鉴和词典等孩子可以自己拿取查询的书。如果孩子有看不懂的地方,大人可以和孩子一起查资料。

除了客厅以外,也**可以在卧室、走廊等孩子的活动范围内放置书籍**,这样一来,孩子随时想读书就能拿到书来读,非常方便。

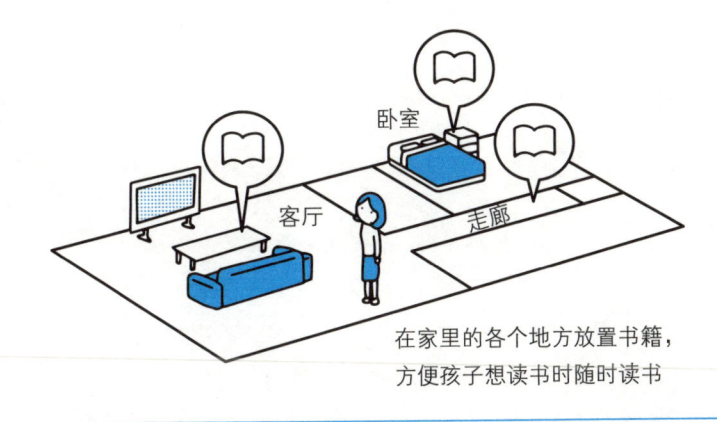

在家里的各个地方放置书籍,
方便孩子想读书时随时读书

- **给孩子读书**

《朗读手册》的作者吉姆·崔利斯说，**孩子上初二前，阅读能力还跟不上倾听能力。**大人给孩子读书，孩子听懂内容，感受到故事的趣味性，会更愿意去阅读和倾听。（参见"08 读书给孩子听"）

- **父母也读书**

日本厚生劳动省对**小学二年级学生和他们父母的调查发现，孩子一个月的读书量基本上和父母的成正比。**另外，在倍乐生的调查中，那些一个月阅读 3 本以上纸质书或电子书的人在回答他们爱读书的原因时，**"从小大人给自己读书""身边的人爱读书"的占比最大。**父母喜欢读书的家庭，孩子也会比较喜欢读书。

61 | 让孩子悠闲自得地涂鸦

——发散思维能提升创造力

孩子是涂鸦的天才。小时候我们在墙壁上地板上涂画，上小学后我们在教科书和笔记本上涂画……

也许很多人把涂鸦直接等同于淘气捣乱，**但实际上研究表明涂鸦能放松大脑，是发挥创造力的方法之一。**

哈佛大学精神病学家斯里尼·皮利说，人们涂鸦时，大脑处于放松，即非聚焦状态，这时候"小脑扁桃体的活性受到抑制，额极变得活跃起来，从而创造力获得提升"。(《如何打造你的最优工作节奏》)

当孩子涂鸦时，其实是打破意识壁垒，唤醒无意识自我的宝贵时机。

如何让孩子悠闲自得地涂鸦？

■ **把一面墙当作孩子涂鸦的空间**

在市面上能买到各种价格亲民的墙贴，就是那种方便人们把一面墙作为黑板或者白板的壁纸。

用深绿色的黑板作成壁纸，可以缓解眼部疲劳，让室内环境显得宁静平和。有的人可能担心粉笔容易落灰,弄脏房间,现在也有无尘粉笔可供选择。

白板虽然写上去显得漂亮工整,但白板专用笔的价格比粉笔贵,并且弄脏衣服不容易清洗。

两种材料各有优缺点,**但毫无疑问它们会成为孩子快乐涂鸦的空间。**

在墙上贴上墙贴,给孩子
准备好涂鸦的空间

■ **使用能擦除的马克笔或蜡笔**

如果不方便把墙壁做成涂鸦空间,**可以使用水性记号笔,这种笔制作精良,画在玻璃上的痕迹用湿布就能擦除。**这样,孩子就可以尽情地在窗户玻璃上乱涂乱画了。另外,有些画笔还能在潮湿的瓷砖墙面上作画,孩子洗澡时也能随意涂画。

- **读读《我的创意绘本》系列**

　　曾说过"涂鸦才是绘画的开始"的五味太郎先生创作了备受全世界欢迎的《我的创意绘本》系列。其中有很多别出心裁的涂鸦主题，比如说空空如也的锅和坑坑洼洼的小路、可怜兮兮的小狗等。**大人和孩子一起涂鸦，画作会更天马行空，更富有创造性。**

- **孩子喜欢上涂鸦就是大成功**

　　随心所欲地涂鸦可以让大脑休息放松，之后再集中精力做事。如果从小培养这种思维发散和专注模式顺利切换的方法，将提升我们的创造力和思维力。

　　有些公司为员工提供游戏、运动、健身的各种设备也是基于这种考虑。

第 5 章

培养学习能力

有效反馈，提高士气

62 了解孩子的特点
——不同的风格，不同的学习法

很多父母总会在意孩子的"缺点"，**而忽略孩子身上的"优点"。**

一种称作"多元智能理论"的方法可以让孩子充分发挥自身才能，也为父母提供了了解自己孩子风格和类型的思路。

这个理论是1983年哈佛大学心理学家霍华德·加德纳提出的。他认为人具备的智能有七种类型（后来补充为八种），学校评价的学习智能只是其中两种。

加德纳博士说从这八种智能中找到符合孩子特性的优势领域，对孩子的强项进行培养，能极大地提升孩子的能力。

重视儿童个性的这一理论逐渐被引进教育体系中，并获得了成果。

如何知道孩子的"类型"？

■ **了解八种智能**

请想一下你的孩子符合以下哪种类型。

（1）**语言智能**：擅长写作，对语言有兴趣，喜欢读书。相对于数学和自然科学等，更擅长语文和社会科学。

（2）**数理逻辑智能**：较早理解科学性事物，对数量感兴趣，擅长数字分析，相对于语义和社会科学，更擅长数学和自然科学。

（3）**空间智能**：擅长玩拼图和解决图形问题。相对于语言文字，更容易理解图画和绘图的说明。

（4）**音乐智能**：擅长唱歌和演奏乐器，能区分不同的音色，能很快记住节奏。

（5）**身体运动智能**：擅长体育运动，动手操作更容易理解，做得更好。

（6）**社交智能**：和他人一起比独自一人做事更顺利，有很多时候被人依靠或者依靠别人。

（7）**内省智能**：独自一人比和他人一起做事更顺利，遇到困难自己一人能解决。

（8）**博物智能**：对特定事物非常熟悉，对图鉴着迷，能观察出相似事物的细微区别。

■ 选择擅长项目的方法

符合前两项智能的孩子，很多都擅长学习学校课程。剩下的六种类型的孩子则可以采用以下方法更好地学习。

（3）**空间智能**：选择图形和照片较多的书籍，注重直观视觉化。

（4）**音乐智能**：大声朗读或唱出书籍或教材的内容。重点是发出声音。

（5）**身体运动智能**：做实验、使用道具，坐在平衡球上，边活动身体边集中注意力。

（6）**社交智能**：做事时不要独自一人，而是和家人一起做。

（7）**内省智能**：保证有独处的场所和时间。

（8）**博物智能**：身边放置图鉴书籍，多多接触实物。

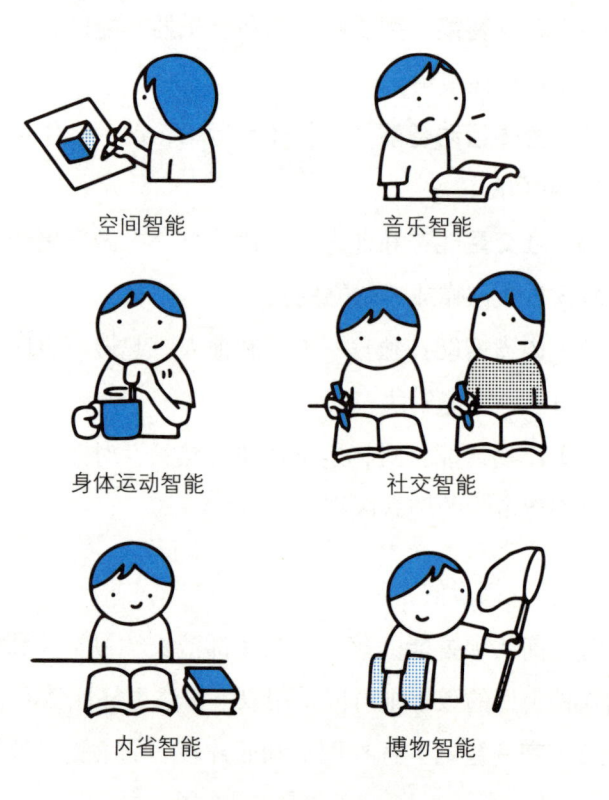

空间智能

音乐智能

身体运动智能

社交智能

内省智能

博物智能

不同的孩子，适合不同的学习法

63 让孩子掌握计算能力
——快快乐乐地熟悉数字

我们一般认为"要想学好数学,就得老老实实地做习题"。而现在有家机构研究出的最新成果要推翻这一传统观念。这家叫作 Wonder Lab 的公司是一家利用孩子的感性认识开发培养思维能力的电子教材和 STEAM 教育[①]教材的公司。在这家公司进行的实证实验中,孩子们每天玩 15 分钟一款名为《Think! Think!》(想一想)的培养思维能力的软件,3 个月之后,他们的学习能力得到了很大的提升。[②]

值得注意的是,每天的这 15 分钟,在孩子眼中完全是玩游

---

① STEAM 教育是指由科学、技术、工程、艺术、数学等学科共同构成的跨学科的综合教育。——编者注

② 日本国际协力机构(JICA)和柬埔寨政府合作对柬埔寨小学三、四年级的 1500 名学生进行了实证实验。在数学课堂上,把学生分成两组,一组使用培养思维能力的《Think! Think!》软件,另一组不使用该软件,以此进行使用前和使用 3 个月后的学习能力对比调查。日本庆应义塾大学的中室牧子实验室对柬埔寨国内学习能力测试、国际数学与科学教育成就趋势调查研究(TIMSS)以及智商测试这三个测试的结果进行分析,结果表明:该软件对提升学习能力有明显效果。另外,除了思维能力,孩子们在柬埔寨国内学习能力测试中常出现的计算题或应用题等常规问题上的学习力也有提升。

戏，却让他们从算术能力到应用题解答能力都获得很大提高。

Wonder Lab 公司代表川岛庆先生说："要提高孩子的算术能力，重要的是让他们有积极性，即提升兴奋感。"**孩子通过游戏进入算术世界，他们才会兴奋起来。**这种兴奋感不仅能提高孩子的思维力和想象力，还能有效地提高对算术等技能的吸纳力和理解力。

虽说在现代社会一个电脑就能给出所有计算题的正确答案，但是，计算能力在直接感觉事物数量多少上显得尤为重要。比如说"散步 1000 千米""在锅里倒 15 升酱油"，这样的表述会让人自然而然地感到不对劲。

川岛先生认为，"让孩子切身掌握数字表达的正确比例感"有助于孩子愿意接触并能自如运用数字。

如何让孩子掌握算术能力？

■ 每天 15 分钟，建造兴奋基础

提升算术能力的动力是"期待感"。川岛先生指出，如果孩子从小就得克制自己的意愿，总是被迫做练习题，就无法建立自我兴奋感的基础，他的学习积极性和学习能力到高年级就见顶了。如果大人能找一些可以锻炼思维能力的题目，让孩子像做作业一样每天练习 15 分钟，那么，一段时间后，孩子就能建立起享受算术题的"兴奋感"基础了。

■ 从不同视角理解事物

越是低年级的孩子，越容易通过做游戏来掌握算术思维

力。与其买各种习题集搞题海战术，不如利用学校的教科书或算术习题，看看孩子能不能找到得出相同答案的算式；或是思考一下，改变顺序找找计算的窍门，等等。并不是机械性地完成作业，**而是发挥想象力做题，这样才能产生灵活机变的表现力。**

有几个能得出 8 的算式？

3+5
9−1
14−6

算术习题

变变顺序，看看会得出什么？

56+18+44=

56+44+18 就是 100+18！答案是 118！

用启发想象力的方式提问

■ **用身边事物的数字做加减法**

在确保安全的前提下，我们可以让孩子用街上的汽车号码牌等现成的数字做加减法。孩子对数字感兴趣之后才能找到做算术题的乐趣。

那些适合儿童的数独游戏或算盘也能培养孩子在脑中自由操纵数字的"心算能力"。

从算盘将数字具象成算珠这一点来看，对于很难理解数字抽象概念的低年龄段的孩子来说，算盘是学习算术的好工具。

64 一起制订计划
——制订计划，提高执行功能

倍乐生教育综合研究所在"2014年中小学生学习情况调查"中发现：从成绩排名来看，**那些制订计划后学习的人的排名比不制定计划的人要高得多。**

但是调查也显示，一半左右的四年级小学生以及40%的初中生并没有制订学习计划的习惯，并不是像我们通常所说的"不用管孩子，时候到了他就自然学会了"。

■ **通过训练提升"执行功能"**

规划力可以控制行为、思维和情绪，是大脑执行功能的一部分。执行功能并非天生就有的，但可以通过**从幼年到青春期的反复训练来获得并得到提升。**

哈佛大学儿童发展中心表示**"培养儿童的执行功能是社会最重要的责任"**，执行功能也受到美国各地教育机构的关注和重视。另外，美国教育也非常重视大人为孩子打好培养执行功能的基础。

制订计划的能力也是最开始大人引导一下就能提升的能力。

如何和孩子一起制订计划？

- **从定当天的计划开始**

  让孩子在前一天晚上或当天早饭时间，写出自己能想到的计划，一般是从早上起床到出门上学前，以及放学回家到睡觉前的计划。

- **父母也制订自己的计划**

  父母把自己一天要做的事情写下来，孩子看见后也会模仿，有助于提升他的执行功能。

- **内容要具体细化**

  计划要写得具体，不能模糊地写"做作业""玩"等。"做算术题""练字""读书""和朋友去公园"等具体的计划执行起来才比较容易。

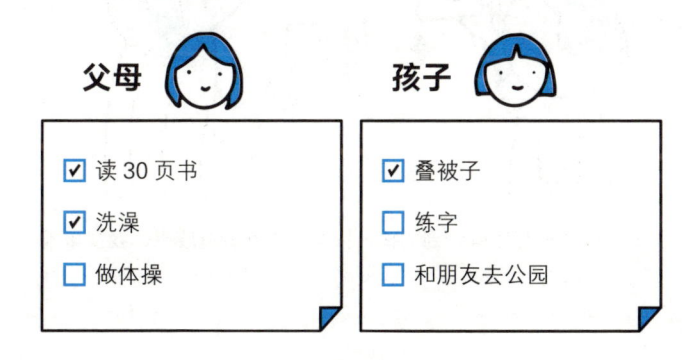

父母
- ☑ 读 30 页书
- ☑ 洗澡
- ☐ 做体操

孩子
- ☑ 叠被子
- ☐ 练字
- ☐ 和朋友去公园

先从马上能想到的小事开始

- **计划要可行**

孩子还没有太强的时间概念,所以当孩子制订计划时,父母和孩子一起想想每个计划可能花的时间。

- **留出总结时间**

留出总结时间,看看计划是否成功被执行了。**计划完成后要好好地夸奖孩子,他就会有成就感。**

计划没有完成时,和孩子一起找找原因,吸收经验教训,用来制订下一次计划,也让孩子打起精神,提高积极性。

父母和孩子一起回顾计划的执行情况,相互看看成果,找找乐趣

65 书写①
——让孩子爱上写东西

目前有一项研究表明，写字会对大脑正在发育的孩子的大脑活动带来重要影响。即使写出的是乱七八糟的文字，**书写行为本身也会提高大脑神经网络的活跃度，对孩子的学习很有帮助。**

近几年，由于电脑和手机的普及，人们可以随时随地迅速交换信息，日常写字的机会越来越少。很多孩子对于下笔写东西感到头疼。

正因为如此，**让孩子了解书写的乐趣，感受书写带来的愉悦显得尤为重要。**

如何让孩子爱上书写？

■ 耐心细致地书写

想要满意自己写的字或文章，就要养成耐心细致书写的习惯。美国佛罗里达国际大学的劳拉·迪内哈特副教授认为，**好的书写习惯和提高学习能力有密切关系。**字写得好会方便老师读懂答案，给老师留下好印象。另外，如果字写不好，孩子就会集中注意力写字而忽略了内容本身。

■ 无论孩子写什么，先夸奖他

如果孩子写东西时，听见父母批评他"这种作文真是让人摸不着头脑""写得一点儿内涵都没有"等，写作文对孩子来说就变成了痛苦折磨。若父母多认可孩子写得不错的地方，多多夸奖他**"写得很好！""真厉害！""居然会用这个词！"**孩子受到鼓舞就会写得更多。

■ 提问启发写作灵感

如果孩子不知道怎么写老师布置的作文，那父母可以特意向他提问和作文有关的问题，启发他的灵感。

· 哪些事是你感觉最快乐的事、最高兴的事、最有意思的事、最感动的事、最后悔的事？

· 当做××的时候，你心情怎么样？

· 你为什么觉得比较顺利？

· 为什么××时你特别努力？

· 接下来你想做什么？

像上面这样去问问题，记录孩子的回答，找到关键词，点拨一下孩子，他写起来就比较容易了。

66 书写②
——让孩子记日记

对孩子来说，训练写作能力比较方便的方法就是养成记日记的习惯。通过记日记来练习写作可以带来以下两种效果。

■ **增加孩子的词汇量**

在写作文表达情感时，孩子常常用到"高兴""快乐""悲伤"等直白简单的词，但实际上他想表达的可能是其他**各种各样复杂的感情。**

发展心理学家远藤利彦教授认为，当孩子写出"悲伤"一词时，大人可以提醒孩子，比如"这种'悲伤'的心情应该是'担忧'"，用更加细致准确的语言来描述他的心情。有大人的提醒和启发，孩子就能掌握越来越多表达心情的词了。

■ **调整心情，回归日常**

记日记的习惯可以让人反省自我，调整高昂或低落的心情，恢复到日常状态。马丁·塞利格曼教授说"**每天睡觉前**

写三件好事"，仅仅坚持一个星期，之后半年的幸福感就会提升。

如何记日记？

■ 固定写日记的时间
塞利格曼教授建议在每天睡前写日记。**父母和孩子一起回想当天发生的事，**也能加深亲子之间的沟通交流。

■ 让孩子把记"三行日记"养成习惯
写出三个积极向上的事，高兴的、快乐的或者有趣的事。**写三句话花不了多长时间。**如果还能多写一点儿，可以把每件事的缘由写上。写作让大脑重温美好的回忆，自己的幸福感也会提高。

■ 帮助孩子选择合适的词
父母要和孩子一起想想，是否**有更准确更合适的词和句子来表达心情、描述场景。**不过，父母不一定都能找到好词好句，可以查阅书籍或词典等工具，增加自己的词汇量。

愉快	有趣？心情不错？迫不及待？
难过	难为情？不好意思？脸发烫？
高兴	跃跃欲试？神魂颠倒？笑呵呵？
害怕	心里捏了一把汗？惴惴不安？提心吊胆？发抖？

和孩子一起找找最恰当的表达

培养沟通力　培养思维力　培养自我肯定感　培养创造力　**培养学习能力**　培养健康体质

67 书写③
——让孩子熟悉写作模式

无论是考试还是工作后写报告或发表演讲等，优秀的写作能力都是一件大有裨益的有力武器。

父母常常会对着伏案写作的孩子说"尽管写你爱写的东西就行"，但是，**很多孩子根本不知道怎么动笔。**

在美国的小学，协助渡边教授调查研究的全部老师都异口同声地说：**"教授语言的首要目的是'提高孩子的写作技巧和写作能力'。"** 日本立命馆小学国语教育顾问兼名进研小学国语课顾问的岩下修先生认为：**"一般来说，将吸收的东西向外部输出的能力在八岁前后会稳固下来。"** 他说："8岁之前接受认真的写作指导，掌握好语言组织能力和表达能力，就能顺利地写好作文。"

如何让孩子学会写作文？

■ **利用写作模式**

渡边教授说，美国的老师会从低年级段开始教授学生说明文等作文的三段式结构。

- **起始段**：首先表明这个文章要说的主题。
- **正文段**：列出支撑起始段的三个理由。
- **收尾段**：将起始段换一种表达，得出结论。

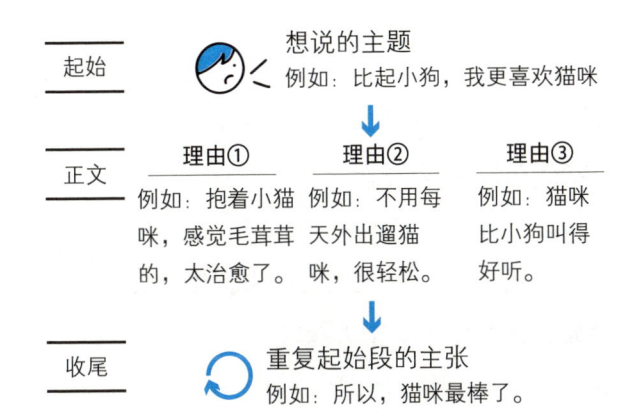

起始　　想说的主题
　　　　例如：比起小狗，我更喜欢猫咪

正文
- 理由①　例如：抱着小猫咪，感觉毛茸茸的，太治愈了。
- 理由②　例如：不用每天外出遛猫咪，很轻松。
- 理由③　例如：猫咪比小狗叫得好听。

收尾　　重复起始段的主张
　　　　例如：所以，猫咪最棒了。

有丰富的指导小学生写作经验的岩下先生说："教孩子用'起始''正文（两个部分）''收尾'的基本套路来写说明文、报告、记录文或议论文，他们会更容易理解。"

可以先让孩子在"起始"段写明"作文围绕的主题"，最后在"收尾"段写下自己在"正文1""正文2"中发现的、理解的东西。

比如说以"学校里喜欢的地方"为题写作文，可以按以下结构来写。

- **起始**：我现在要介绍一下学校里我喜欢的地方。
- **正文1**：我最喜欢的地方是……

- 正文2：我第二喜欢的地方是……
- 收尾：这两个地方都比较宽敞/这两个地方都能让我心情平静下来。（从正文1和正文2的共同点来总结。）

■ 定角度

岩下先生指出："低年级段的作文指导一般是**让学生以时间顺序写自己的所见所闻，但如果能定好角度，即便是一年级的学生也能流畅地写作。**"

比如以"校内探险"为主题写作文。让孩子从"有趣"的角度选两个东西来写，他们写起来就比较容易。

- 起始：我在学校玩了大探险。
- 正文1：最有趣的地方是……
- 正文2：其次有趣的地方是……
- 收尾：学校探险太有意思了。

渡边教授调查发现，有93%的日本孩子按"先做了什么，接着做了什么"的事情发生顺序来写作文，而三分之一以上的**美国孩子会用"三明治结构"来写作文——先用总括性的句子点题，然后再举出具体事例，最后总结收尾。**

这种作文的模式其实也是为逻辑思维能力打基础。这也有利于孩子将来面对全球化环境。这种套路除了应对英语写作外，还能应用在演讲和发表展示上。

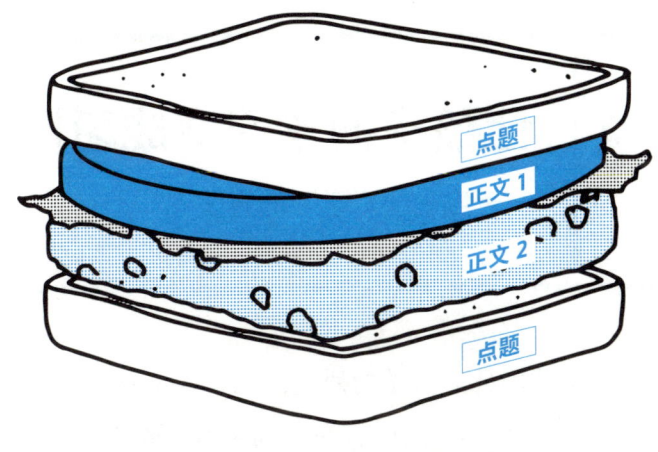

把写作文看成做三明治，写起来更容易

68 让孩子把学习变成习惯
——自主快乐学习的方法

2006年美国杜克大学的研究团队发表文章称：人们有45%的日常行为不是当场决定的，而是习惯造成的。美国教育改革家霍瑞思·曼曾说："习惯是根绳子。每天多搓上一根小细丝，不久之后就搓成剪也剪不断的大粗绳了。"

另外，京都造型艺术大学副校长本间正人先生说："未来的时代没有'最后学历'，每个人都要刷新'最新学习经历'。"

也就是说，**当学习也像刷牙、吃饭、洗澡一样成为每日习惯**，热爱学习必将成为孩子的巨大优势。

如何将学习养成习惯？

- **定时"小步"走**

比如写作业时，孩子可能一想起"作业"这项笼统的任务就提不起劲儿来，但**如果把"作业"细分成"朗读""写字""做算术题"等**，负担感就没那么重了。每个任务可以计划好时间，从几点到几点做哪个任务。细化时间可以让人做好心理准备，更容易采取行动。

然后，**定好做任务的场所。**一到时间就利落地切换大脑模式，进入学习状态。

学习 细化分解→ 朗读 17:00~17:10 / 写字 17:20~17:30 / 做算术题 17:40~17:50

真烦人。 想玩游戏。 太讨厌了！

把学习细分成"小任务"和"小时间段"

■ 保证孩子的自由时间

如果孩子较早完成了布置的作业，切勿再给他追加作业。**要保证他有充足的自由时间，可以尽情地玩耍。**

芬兰一项学习能力调查发现，有自由玩耍时间的孩子比长时间伏案学习的孩子学习能力更强。

美国卫生和公众服务部的报告表明：**活动身体可以增加大脑供血供氧，有利于大脑活动。也就是说，有张有弛的学习方式更有利于孩子提高专注力。**

■ 玩游戏式的劝说方式

行为分析学家奥田健次先生指出：父母告诫吃饭前还没完成作业的孩子"明天要按时好好写完"，其实并没有什么实际效果。**因为对孩子来说 24 小时以后的"明天"在时间**

感上非常遥远模糊。

奥田先生说，对总也不动笔写作业的孩子来说，比较有效果的劝说方式是像玩游戏一样告诉他："妈妈现在上二楼，回来之前你能不能开始写作业呀？3分钟后就回来了。你要是还玩可不行哟。妈妈上楼之后就得开始写！"

如果孩子3分钟后还在玩游戏，就说明孩子对3分钟没有明确的概念，**那下一次就用1分钟或30秒来试试**。如果你发现孩子已经开始写作业了，就好好地夸奖他，孩子就会有很大的成就感。

■ 父母也要养成学习习惯

父母与其为孩子不做作业着急，倒不如主动地关掉电视、收拾好餐桌，然后开始伏案学习，这样更简单直接地为他树立榜样。当孩子看见父母正津津有味地看书写东西时，他也会主动开始写作业。

69 让孩子学习编程

——反复摸索，锻炼大脑

编程就是使用编程语言指示计算机完成人所期望的任务。从 2020 年开始，编程纳入日本小学的必修课程。

编程课纳入必修的目的不是让孩子们掌握编程技术，而是让孩子利用编程语言学习，掌握**"想要正确表达自己的想法就必须分步骤地详细说明"**这一逻辑思维方法。

编程最有趣的地方就是自己定规则。

制定规则时，需要有意识地注意平常容易忽视的东西。比如说让机器人运动时，如果没有"停止"指令，机器人就会永远处于活动状态。

世界上有很多东西需要我们**关注"思维盲点"，不断地提出新想法，挖掘新思维。**

孩子在编程的反复试错中，能**体验并学习到这种细致周密的思维方法。**

如何有效地学习编程？

■ 了解编程能实现什么

编程与我们日常生活的各个方面都密切相关，反而让人容易忽略它的存在。

我们每天接触的游戏、汽车、家电、机器人、通信，甚至音乐和美术等，很多都是通过编程实现其功能的。

在学习编程之前，**先了解它和我们身边的哪些东西密切相关**，学习时就会有一种亲切感，也会比较顺利。

■ 熟悉电脑

电脑操作熟能生巧。父母可能担心孩子"看有害网站"或是"沉迷网游"等，但父母可以利用网络过滤工具，设置使用时间和使用地点等，**建立一个可控的上网环境。**

换句话说，父母不应视电脑为洪水猛兽，将孩子与之隔绝，而应把电脑当作孩子的一种学习工具加以利用。

■ 最早从小学四年级开始用电脑

低年级阶段的孩子专注力不高，用电脑像是在玩游戏。孩子最早从四年级开始用电脑最好，这个年纪的孩子能安静地进行逻辑思考。研究结果表明：**小学一二年级的学生，其大脑对于编程语言中的"条件转移"等概念尚未成熟。**

低年龄段的孩子，**多做体育运动培养身体感觉，多做游**

戏积累体感经验，才能为之后的编程课程奠定基础，培养兴趣和动力。

■ **父母无须会编程**

父母不用必须会编程，多倾听孩子的话就足够了。

编程的反复试错能培养孩子的自主性。**甚至父母变成了"学生"，孩子变成了"老师"。**编程学习也能培养孩子的沟通力，使他增长自信心。

■ **哪些是可以轻松上手的编程教材**

编程教材首先要简单易懂，充满乐趣。如果孩子从三四年级开始学编程的话，Scratch 编程软件会让孩子很快上手，父母和孩子也能一起玩。

网上可用的资源

编程一小时：这是 Code.org 机构在全球推广编程教育活动的网站。这个网站有学习编程的各种教材。它提出学习编程的对象是从"4 岁到 104 岁"。

Scratch：这是可以用编程语言制作动画、游戏、音乐的网站。

体验编程的简易小装备

BBC micro:bit：由英国广播公司推出的单手可握住的微型电脑，可以用编程语言制作包括机器人、乐器等各种东西。

Sphero 智能小球：由编程语言操控的球形机器人，玩起来也比较轻巧好上手。

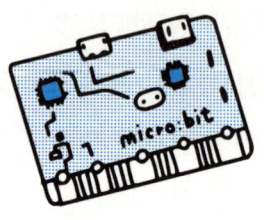

BBC micro:bit　　　　　　Sphero 智能小球

试着用小装备体验一下编程的乐趣

70 重复练习
——巧妙地增加变化和负荷

除了学习，我们也常常鼓励孩子，无论是学体育还是学乐器，"只要反复练习逐步地努力前进，就能学会"。

全球畅销书作家马尔科姆·格拉德威尔在他的著作《异类：不一样的成功启示录》中提出一个**"一万小时定律"**——无论哪个领域，只要钻研够一万个小时，就能成为该领域的专家。

但是心理研究证明：**胡乱随便地重复性作业并不能取得成功。**

很明显，重复练习的学习方法有几个需要特别注意的点。

如何巧妙地重复练习？

■ **单纯地重复没有效果**

不知道你有没有这种经历：做了好几遍习题集，却还是在考试中栽跟头。

这其实是掉进了单纯重复学习的陷阱，**即掉进了心理学**

所说的"流畅性陷阱"。"流畅性"指的是快速准确地处理信息输出内容的能力。但是,"做这种题目我已经轻车熟路了,解题思路完全没问题",这种自以为是的想法反而让大脑放松警惕,无法马上唤醒记过的东西。

■ 穿插变化

美国罗杰威廉姆斯大学心理学家纳特·科内尔副教授的团队研究发现,**在课题的反复练习中加入少量变化元素,可以提高学习能力,内容就会记得更稳固。**也就是说在每日的学习中穿插过去学过的章节会收到良好的记忆效果。

孩子必须认真审题来思考解题方法,这样看起来效率不高。但是多伦多大学心理学家麦克·因兹利奇教授指出,**"当一些破坏原有秩序的,与周遭事物不相称的东西进入眼中后,大脑实际上就被唤醒了"**。

在题目中添加变化元素的学习法可以让我们注意并理解不同题目的不同之处,除了可以清楚地抓住问题的特征,面对正式考试中的陌生题型也能克服恐惧,从容对应。

■ 适当提高难度

美国佛罗里达州立大学心理学家安德斯·艾利克森教授提出了"极限练习"理论。该理论认为各个领域的顶尖人才都会"走出自己舒服安逸的领域(舒适区),**逐步并持续地增加负荷,突破现有上限**"。

对全球顶尖人才持续观察研究30多年的艾利克森教授

说:"任何人,只要能反复进行'极限练习',**就能获得在别人眼中'天赋异禀'的惊人能力。**"

当然,在学习新内容或新技术时,反复练习,持之以恒是不可或缺的。同时**加入一些变化元素,逐步增加微量负荷也很重要**。

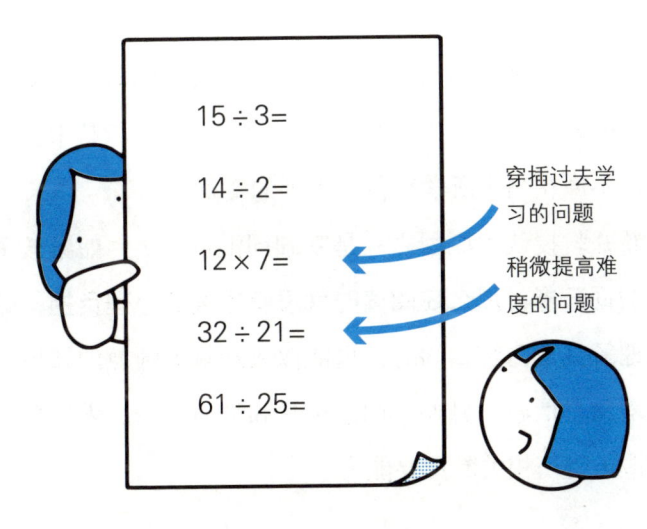

15÷3=
14÷2=
12×7= ← 穿插过去学习的问题
32÷21= ← 稍微提高难度的问题
61÷25=

打破单调重复,提升学习效果

71 增加孩子的词汇量
——轻松理解文章的基本功

日本国立情报学研究所的新井纪子教授的研究团队对全国约 25000 名初高中生进行的理解力调查发现，其中大多数学生读不懂相当于所学教科书水平的文章。

新井教授认为原因之一是基础词汇量不足。**如果孩子有丰富的词汇量，那么在阅读时就没有很大的心理负担，能迅速地理解文章内容**；同时，也能深入理解老师教的知识，不断地增加自信心。另外，词汇量是和沟通能力、表达能力还有创造力密切相关的重要能力。

如何增加词汇量？

■ 让孩子多与大人对话

川岛隆太教授的研究表明，大人和小孩的对话内容越丰富多彩，孩子大脑中控制言语机能的区域就发育得越好。

倍乐生公司在 2016 年进行的词汇调查中发现，高中生、大学生和职场人如果**与身边的人对话频度高，词汇量就越**

高。特别是和父母、祖父母、亲戚、学校老师等有年龄差距的人对话的频度越高，词汇量就越高。

跨年龄段的对话可以让孩子增加词汇量、丰富表达方式，这是同龄人之间的对话基本无法实现的。

■ **父母及时回复**

研究儿童语言习得多年的佐藤久美子教授在对大约200名即将上小学的幼儿园大班学生进行词汇量调查时发现：**父母对孩子的话回复得越快越及时，孩子词汇量就越高，说的话也越多。**

■ **父母当听众**

调查表明，父母说话的时间变短的话，孩子说话的机会就会增加。换句话说，父母要做配角和听众。如果父母的反馈内容又多又长，那孩子就很难再接上话。所以，父母反馈的内容要短，频率要高，孩子才能多说话，爱说话。

父母要有意识地简洁回复孩子，引出孩子想聊的话题

- **缓慢地、清楚地对话**

小孩子一般是通过听大人说话并进行模仿来记住发音的。**所以父母说话时要缓慢而清晰，让孩子能听清楚**，有利于孩子顺利掌握语言。

- **让孩子接触书籍、报纸、漫画**

书写也能有效地增加词汇量。（参见"66 书写②"）荷兰莱顿大学的苏珊娜·莫露副教授对 3 岁以上未入学儿童到研究生阶段的读书量和词汇量的关系进行了研究，**她发现读书量越多词汇量越高。**

词汇量最多的媒体是书和报纸，其次是杂志。父母可以在家人聚集的餐厅、客厅等地方放置书报杂志，让孩子随手翻看，增加词汇量。

- **在客厅放词典**

倍乐生公司调查发现，那些"遇到不懂的词就立刻查词典"的高中生和大学生的词汇量普遍较高。

如果孩子问父母某个词的意思，父母可以跟孩子一起去翻词典查询，养成不懂就查词典的习惯。

每次都能随手翻看词典，也容易养成查词典的习惯。

72 减少"无用功"
——有张有弛地进行有针对性的学习

在学校的多人课堂上，老师可以把握全班整体的理解程度，却很难照顾到每一个人。因此，老师会通过提问来了解每个学生哪个知识点已经掌握了，哪个知识点完全没听懂。

也就是说，**对于某些学生个体来说，学校的上课时间中有一部分是被浪费掉的。**

不过，现在出现了一个新的学习方法——利用人工智能（AI）技术，避免时间浪费，实现每个学生理解程度和学习进度相匹配的学习法。这种个体最优化的学习方法被称为**"自适应学习"。**

孩子在学习中受挫的地方各有不同，**出现错误的原因多种多样。**比如数学出现计算错误是因为没记住加减乘除的顺序，还是不懂分数的除法？而"自适应学习"的 AI 可以解析这一复杂的过程，选择适合每个人理解程度的题目，让孩子对弱势项目进行特训学习，有效地加深孩子的理解。

如何减少学习中的"浪费"？

- **聚焦"不懂的知识点"**

    时间是有限的。如果把多次重复练习已经掌握的知识点的时间节省下来，**集中时间攻克尚未掌握的知识点，那么成绩提升会更明显。**

- **玩乐时间不是"浪费"**

    作为数学能力基础的想象力、推理能力、空间感知能力和求知好奇心**都可以通过游戏体验来掌握。"**

    从培养 21 世纪需要的创造力、思维力及沟通力等能力的角度来看，孩子们应该有适量的自由时间去尽情地沉浸在玩乐和兴趣世界中，或是发呆，或是动脑筋想问题。

    随着孩子升入高年级，父母确实希望他能掌握更多的知识。但其实从长远视角来看，**保证孩子自由玩乐的时间对他的成长有更积极更重要的影响。**

- **活用 AI 教材**

    AI 能帮助我们不过多重复练习已掌握的知识点，而重点强化尚未掌握的知识点，实现高效学习。

    用平板电脑学习对于大部分父母来说是经验不足的，但是，**有的孩子可以以超乎大人想象的速度掌握平板电脑的操作方法，并且饶有兴趣地不断解题做题。**

    有些讨厌学习的孩子能利用 AI 强化自己的弱势科目，从中发现学习的乐趣，逐渐爱上学习。

73 让孩子掌握英语

——把英语当作游戏道具

在外语学习上，**孩子的潜力要比大人高得多。**专攻儿童英语教育及第二语言习得的日本上智大学的狩野晶子教授认为，孩子比大人突出的外语学习能力体现在以下四个方面：

① 对声音的敏感程度

孩子对声音的感受尤为丰富。幼儿的听力处于高峰期，擅长模仿动物啼叫或昆虫鸣叫，还能惟妙惟肖地发出动漫角色的声音。

② 整体处理音群的能力

像古诗词等，**孩子即使听不懂内容，也能按照音群发音记下全部内容。**

③ 不断重复的耐力

孩子会一直读同一本绘本，反复看喜欢的动画，**愿意反复地做同样一件事情，不会觉得腻烦。**

④ 对模糊费解事物的耐力

孩子即使对事物不完全理解也毫不在意。他们带着模糊的理解，根据对方的表情或周围的状况，按照自己的节奏来想象上下文或对话的意思。

这四个方面的能力中，最需要在孩童时期培养发展的就是英语的"听力"。在小学阶段，不用严格仔细地让孩子做阅读或写作，**而是要让他们大量地听英语，并找到听英语的乐趣和意义，养成听英语的习惯**。让孩子唱英语歌曲或者听英语有声读物都可以，也可以让孩子看面向儿童的英语节目。

如何掌握英语？

■ 让孩子每天快乐地接触英语

数据表明，**听英语累计 2000 到 4000 小时，就一定程度上能掌握听懂英语的能力**。

学习英语时，需要注意的是**孩子有没有在学英语中找到乐趣，而不是有没有正确地听懂英语**。学英语最重要的是孩子能自由地发挥想象，在类推和模仿的过程中体验用英语做游戏的快乐。

每天学一点点，快快乐乐地接触英语

- **不要求孩子一定说对**

如果孩子总是处于担心自己犯错的被动状态下，他就很难提起劲儿去听英语说英语，很难再有英语上的进步。

大人没必要去纠结孩子有没有正确说出老师教的英语对话，有没有认真理解英语的知识点，等等。**更重要的不是去纠正各种错误，而是鼓励孩子开口说。**这样孩子会有一种"我说出来了！""我懂了！"的成功体验，逐渐有了"说不定我也可以学会英语"的自信心，对说英语不再有恐惧和排斥心理。南加利福尼亚大学的语言学家斯蒂芬·克拉申教授认为"**焦虑感越低，语言习得就越能进步**"。

孩子在学习母语的过程中，经常出现各种错误的词汇用法，但随着成长他们会自然而然地学会正确使用母语。英语学习也同样如此。父母不要焦虑，不要过多期待，要以宽容之心和长远眼光来看待孩子学英语的过程。

- **用英语钻研兴趣所在**

狩野教授建议**父母可以和孩子一起查查他感兴趣的领域的英语表达。**如果孩子喜欢棒球，可以查查棒球手的站位、规则或者美国棒球联赛的名字等。如果孩子喜欢王子、公主或哈利·波特，可以查查有关城堡的英语资料等。还有其他孩子喜欢的花、草、虫、鱼、恐龙等。

比如在网络上检索"恐龙 名字 英语"，就能找到各种恐龙的英文名或单词卡片。即便是某些似乎毫无用处的昆虫名或城堡用品单词，对感兴趣的孩子来说也是最好的最有意义的知识。

怀着好奇心搜寻的知识会记得异常牢固，这些知识正是孩子走进英语世界的入口。

■ 父母有趣的英语对话

狩野教授说："对于孩子的英语学习来说，父母能做的且上手最快最有效果的是做一个享受英语沟通乐趣的榜样。**就是让孩子看见父母自身虽然英语说得不好还非常享受英语沟通的乐趣。**"

比如说，在路上碰见遇到困难的外国人，就上前问一句"Can I help you?"（我能帮你吗？），即便说得不好也没问题。这样，孩子耳濡目染就明白了**"说错也没关系，只要表达出意思就行"**，接下来就自然而然地进一步迈上了"我也试着说说英语吧"的台阶。

74 让孩子当老师
——教人知识也是在巩固知识

正如法国思想家约瑟夫·儒贝尔的名言"教导别人，等于学了两遍"所言，**我们将知识教给别人时，会注意到自己在哪些地方理解不足，也重新加深了对知识的理解。**

据称这是由于在教他人的过程中，我们需要"说话"和"书写"，这两个动作要比"阅读""倾听"更容易让大脑加深记忆。

美国圣路易斯华盛顿大学心理脑科学家约翰·奈斯托济科博士说，**只要有"我要教别人"的"心理准备"，学习效率就会提高。**

在他的实验中，被试分为两组去学习相同内容，实验人员告诉第一组被试"之后要考试你记下的内容"，告诉第二组被试"之后要让你教别人你记下的内容"。

实际上两组被试都接受了同一个测试。结果发现第二组被试的成绩更好。

我们一旦有了**"要把自己学到的东西教给别人"**的自觉后，我们吸收新内容的能力就会提高。换句话说，如果孩子把"教别人知识"养成习惯,学习效率就会提高,知识掌握得更加扎实。

如何巧妙地引导孩子做老师?

■ 问孩子问题

看看孩子作业的题目,问问他某个题怎么解。听到答案后,装作不太明白的样子,再进一步详细地提问。这样更有效果。

装作不懂,让孩子教教你

■ 孩子出错了也别指出来

孩子给父母讲解问题时可能会出错。如果父母立马指出错误,孩子就不得不停止讲解,父母变成了老师,就没有什么意义了。

按照孩子讲解的思路走，**在他出现错误的地方提醒孩子"这么写好像有问题"。**

如果孩子注意到错误，就会自己主动解决。父母尽可能不要插手，让孩子自主思考。《如何学习》的作者本尼迪克特·凯里在书中写道："**教别人知识可以让大脑中混乱的、已经遗忘的内容瞬间变得清晰有条理起来。这是极有效果的学习法。**"

而且，加里福利亚大学洛杉矶分校的心理学家罗伯特·比约克教授和他的妻子伊丽莎白·比约克教授称，**越是努力深入挖掘大脑中那些模糊不清的或被遗忘的记忆，就越能提升学习能力。**因为在教别人时，必须说得清晰明了，不允许含糊不清，从这个角度来看教别人也会有积极的学习效果。

- **表达感谢**

当孩子教过父母后，父母要记得说"我懂了，谢谢你讲得这么好"。这种感谢的话语会让孩子有种**"我帮到爸爸妈妈"的成功体验。**

大脑一旦获得这个快感，再出现同样情况时，孩子就会主动地想要给父母讲知识了。

75 周期性复习
——最适合记忆性科目的方法

华盛顿大学的心理学家亨利·勒迪格教授认为，一旦形成想一口吃成胖子的突击式学习习惯，下个学期的成绩很可能出现坠崖式下降。

所谓的"临时抱佛脚"虽然对于紧急情况有一定作用，但是这种记忆法并不能记牢知识。

虽然知识点数量相同，但是学习时间分散化能让知识点在脑中停留的时间更长。

那么，要想更长时间地记牢所学的知识，知识点的最佳回溯时间是什么时候？

2008年多伦多约克大学心理学家梅洛迪·怀斯哈特和加利福尼亚大学心理学家哈罗德·帕施勒合作，对跨年龄段的1354人进行了实验调查。结果发现：根据考试的时间来调整复习知识的周期，会收到更好的效果。(《如何学习》)

如何安排复习时间？

■ **复习周期逐步加长**

假如一周以后进行考试，你现在有 90 分钟的复习时间。那么**今天复习 30 分钟，下一次复习的 30 分钟安排在明天（或者后天），考试前一天再复习 30 分钟**。这种周期性的复习比今天一下子复习 90 分钟的学习方法，知识点记忆得更牢固。

如果一个月以后进行考试。你可以今天复习，然后第二次复习安排在一周之后，第三次复习最好安排在考试前一天。

另外，如果不是为了应考，而是想长久记牢知识的话，可以参考波兰研究者彼得·沃兹尼亚克的调查研究。

沃兹尼亚克的研究显示：**如果你今天学习了新内容，就在 1~2 天后复习，第二次复习在一周以后，第三次复习在一个月以后（下一次时间跨度再拉长）**，以这种节奏逐渐地拉开距离去复习，就能有效地将知识点刻在脑中。

同样，在脑科学领域，日本东京都医学综合研究所 2018 年在美国科学杂志 *Cell Reports* 上发表的研究成果表明，大脑进行**"周期性的反复学习会让记忆长时间稳固下来"**。

■ **周期性学习法对背诵有效果**

周期性学习法是牢固记忆内容的有效方法。

长期牢记各种知识会加深我们的理解，因此，人们也研究过这种周期性学习法对学习理科科目的作用，不过到目前为止，这种学习法暂时只被证明适用于**语言学、术语和知识背诵**。

76 有效地夸奖孩子
——正确夸奖会带来大变化

当一个人受到表扬和夸奖时,其大脑神经会受到刺激,分泌出多巴胺,人会感到强烈的幸福感。

20世纪60年代,在哈佛大学任教的教育心理学家罗森塔尔教授用实验证明了**那些曾被教师夸奖过"你将来一定会成功"的学生的成绩确实获得了提升**。罗森塔尔将其命名为"皮格马利翁效应"。

■ 不同的夸奖方式带来不同的效果

日本教育经济学家中室牧子教授说:"根据近几年美国的大学进行的几项研究成果,'**过度胡乱夸奖孩子,可能让他形成名不副实的自恋型性格**'。"(《学力经济学:被数据推翻的教育准则》)

虽然夸奖并不是没有效果,但重要的是怎么夸奖。

如何有效地夸奖孩子？

■ 即时夸奖

行为主义心理学的学习过程中有一个原则叫"即时强化原则"。**无论是夸奖表扬还是提醒注意，最重要的是"即时"。**孩子完成任务就马上夸奖，他会觉得很高兴，因为这时候他的意识还没转移，还停留在刚刚的任务上。

■ 夸奖努力过程而非能力和结果

心理学家克劳迪娅·穆勒教授和卡罗尔·德韦克教授对小学五年级的 400 个孩子进行了有关"夸奖"的实验。

实验结果发现：那些考得不错且被老师夸奖"你真聪明"的孩子，他们的成绩会在之后的考试出现下降趋势。**而同样考得不错却被老师夸奖"你真努力"的孩子的成绩则呈上升趋势。**

两位教授发现能力受到夸奖的孩子面对难题时偏向马上放弃，同时，他们出于怕考低分的压力往往倾向于对自己的成绩撒谎。

而努力过程受到夸奖的孩子，即使考了低分也不会认为是自己能力不足，而是觉得**"自己的努力还不够"**，能够鼓起勇气继续挑战难题。

■ 比较孩子的现在和过去

柳泽幸雄先生说:"**多拿孩子成长的前后比较,能找到很多值得夸奖的地方。**"他把这种比较称为"纵向比较"。要提高孩子的自我肯定感,纵向比较孩子的成长很重要。

77 | 正确反馈
——积极地沟通问题

夸奖孩子努力学习或帮忙做家务等，对于培养他"**动动手就能学会**"的自信心非常重要。

但实际上父母不可能总是夸奖表扬，孩子身上并不是没有需要改善的地方。

而如何让孩子真正明白自身需要改善的问题点呢？关键就在于"反馈"。反馈就是详细具体地告诉孩子什么行为会带来什么后果，让孩子重新回顾反省。

如何做到正确反馈？

- **夸奖→改善点→夸奖的三明治结构**

    反馈原则中有**三明治原则——正反馈中间夹着负反馈。**

    先从**夸奖**开始，具体地夸奖孩子做得不错的地方。然后告诉他**哪些地方他能改善得更好**。这一步非常重要。最后回到第一步的夸奖。有时候可以加上新的夸奖点，让孩子平复内心。

> 做得真好!
>
> 不过这里稍微修改一下会更好。
>
> 但你做得真的很棒!

① 具体夸奖　② 说明要改善的点　③ 再次夸奖

在"夸奖"中提出"注意点和改善点"

■ 明确"怎么做"和"做什么"

当然,反馈原则中最重要就是三明治的"夹心"部分——孩子需要改善的点。因此,**关键在于我们要让他明白具体用什么方法、采取什么具体行动才能改善问题点。**

父母不能强迫孩子去改正,而要通过问问题,引导孩子自己找到改善的办法。

■ 多用"所以",少用"但是"

反馈是孩子成长的契机。**周围人的一句话就会影响孩子的行为。**

在反馈中频繁使用"但是""可是"等转折词汇,会挫伤孩子的积极性。

父母要有意识地使用"所以""如果"等表达,孩子受到鼓舞后解决问题的动力就更大了。

■ 不要忘记跟进

父母不能提醒孩子之后就不管不问了,如果看见孩子有进步,哪怕是一点点也要及时夸奖。

表扬
妈妈发现你今天非常努力地写字，真厉害呀。
是呀，我就是非常努力。
提出需改善的点
不错，那趁着这股劲儿，从明天开始也能学会朗读吧。
不当反馈
不错，但是你老是把不喜欢的朗读往后推，不愿做。
那你看看能不能换个时间。
总是吃完饭才写作业，犯困没精神读书。
不当反馈
可你也不能老说自己没精神呀。
把玩游戏放在饭后吧，作业放在饭前全部做完。
肯定表达进行反馈
好主意。那朗读作业一定很快就做完了。

78 让孩子学会事情分轻重缓急

——按任务清单调整行动

我们大人有时候也会先做想做的事，拖延应该做的事，更何况是孩子。孩子并不懂什么是"优先顺序"。

日本应用行为分析学家井上雅彦教授建议大家用**小便笺整理每日工作，并将其"可视化"**，这样就很容易排好优先顺序，安排工作了。

如何安排任务的优先顺序？

- **划分时间段**

首先把时间分为早晨、白天、晚上。在每个时间段内，把孩子想做的事和应该做的事全部写在便笺上标记好。

- **划分必做任务和想做任务**

一张便笺上写一个任务。**每日必做任务**包括洗脸、刷牙、吃饭、洗澡、做作业、做算术题、练字等，**"每日有空闲就想做的事"**包括和朋友玩耍、玩游戏、读书、看电视等。两者用不同颜色写出来。(如必做任务用粉色,想做任务用绿色等。)

■ 不全是"必做任务"

孩子升入高年级之后,学习任务增加,回家时间也会变晚。如果依然在家布置各种必做任务,孩子就没有充足的自由时间去做"想做的事"。

在斯坦福大学教育学研究生院担任高级讲师,专攻青年人成功和驱动力的丹尼丝·波普说:**"小孩子每天放学后必须有一个小时的固定的'玩游戏时间'。"**有研究表明:做游戏让大脑活跃,能提升孩子的创造力和共情能力。父母在给孩子布置各种任务时要优先保证孩子自由活动的时间。

■ 磁贴带来的成就感

整理好每日的任务后,**父母可以和孩子一起用双面磁贴做一个"任务清单"。**

同便笺一样,磁贴也按颜色分为"必做任务"和"想做任务",把便笺内容誊写在磁贴上。

双面磁贴一面是任务内容,另一面可以写上"做完喽!""完成啦!"或者画上个笑脸等。**每次做完一项任务就翻面,让孩子及时获得成就感。**

像这种适合孩子的"任务清单"方法,很多父母都花心思去实践过。上网检索一下,就会出现很多有创意的方法供参考。

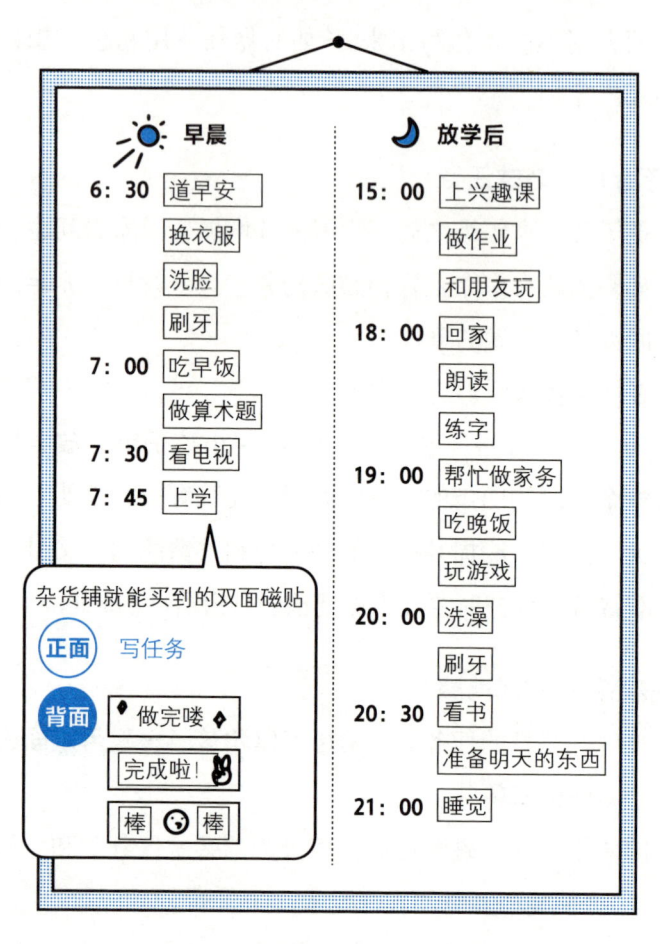

☀️ 早晨		🌙 放学后	
6:30	道早安	15:00	上兴趣课
	换衣服		做作业
	洗脸		和朋友玩
	刷牙	18:00	回家
7:00	吃早饭		朗读
	做算术题		练字
7:30	看电视	19:00	帮忙做家务
7:45	上学		吃晚饭
			玩游戏
		20:00	洗澡
			刷牙
		20:30	看书
			准备明天的东西
		21:00	睡觉

杂货铺就能买到的双面磁贴

正面 写任务

背面 ◆做完喽◆ / 完成啦！🐰 / 棒 😊 棒

每做完一件就翻一枚磁贴，获得成就感！

79 让孩子出声朗读
——读错也没关系，享受阅读

看书时，出声读书，大脑就会同时进行"阅读""说话""聆听"，大脑的额叶区域就会受到很大刺激。

额叶是控制记忆、意志和自制力的区域。**也就是说，额叶受到朗读的刺激，大脑的记忆力、专注力和自控能力也就得到了锻炼。**

另外，朗读时，大脑会分泌出大量的血清素，能起到安神的作用。

朗读

眼睛看（输入）
出声读（输出）
耳朵听（输入）

好记且不易忘

朗读可以在"输入 × 输出"中给予大脑正面刺激

如何让孩子有效地朗读？

■ 停下手中工作认真听孩子朗读

当孩子朗读时，**父母不要边干活儿边听**，要停下手中工作认真听他朗读。

■ 及时表扬

当孩子朗读完后，父母要及时地夸奖他"读得真好""很厉害"。脑科学家川岛隆太教授说，**父母的即时表扬会让孩子大脑更加活跃，可以提高孩子的积极性。**

■ 孩子写作业之前的"朗读"更有效果

因为孩子受到表扬，大脑活跃起来，学习的积极性更高，因此把朗读放在写作业前的热身阶段是最合适的。**研究发现，通过朗读，人的记忆容量会增加 2~3 倍。**

对孩子来说，朗读不仅会扩大脑容量，增强记忆力，还能培养创造力、逻辑思维能力以及自制力。

■ 孩子读错了也无须当场指出

为学生指导作文 30 多年的言叶之森公司代表中根克明先生称，低年级段的孩子**如果在朗读中出现发音错误或断句错误时，父母不应该马上纠正错误，而是要听到最后。**

中根先生还指出，如果朗读过程中因读得不流畅就被打断并被指出错误，孩子就会精神紧张，并且慢慢会觉得朗读很痛苦而不想坚持下去了。

他建议父母不要当场指出孩子的错误，**而是在孩子朗读之后自己再朗读一遍，让孩子听听正确的朗读。**父母正确地朗读之后，孩子也自然会纠正错误，学会正确的发音或断句。

中根先生说，只要文章整体的意思没有变，出现一些小错误是可以接受的，最重要的是**及时地表扬，让孩子享受读书的乐趣。**

■ 反复朗读，提高速度

川岛教授称提高朗读速度也能提高大脑的运转速度。

大脑运转加快，额叶就逐渐地活跃起来，理解文章的速度也会提升。

用眼睛输入文字信息，出声朗读信息，**在这种快速的输入输出中，眼睛的记忆和声音的记忆会自然而然地联系起来，促进记忆力的提升。**

80 奖励孩子
――提高积极性的奖励

针对给孩子奖励的问题,目前专家的观点存在分歧。美国罗切斯特大学心理学家爱德华·德西教授把大学生分为两组进行了实验。第一组大学生被许诺解谜完成后就能得到报酬,第二组却没有得到许诺。

本来两组大学生都很享受解谜的过程。但爱德华教授发现,**一旦报酬条件消失后,第一组的人就不怎么愿意去看谜题了。**换句话说,被给予"奖励"之后,大脑会把解谜当作"挣奖励的劳务工作",内部驱动力就会逐步降低。

另外,哈佛大学经济学家罗兰德·弗莱尔教授做过一项实验,他想看看"考出好成绩就得到奖励"的孩子和"读完一本书就得到奖励"的孩子,谁的学习能力会上升。

结果显示,**成绩上升的是后者——读完一本书就能获得奖励的孩子。**

表扬夸奖也同样如此,"奖励"如果不是针对解开谜题或者取得好成绩的"结果",而是**针对读书等过程的"努力",才更有效果。**

如何有效地给予"奖励"？

■ **不针对结果，而针对"努力"**

比如努力"完成了 3 遍朗读"，坚持"跳绳练习 15 分钟"等，**父母要给予奖励。**

另一方面，不要把"得了 100 分""考了班级前几名""钢琴没弹错音"等结果作为奖励对象。

■ **明确奖励的理由**

如果父母针对结果进行奖励，那前提条件是没有好结果就没有奖励。但是针对努力过程进行奖励，是把该做的事情认真做完就能获得奖励。**明确奖励的对象不是遥遥无期的结果而是勤勤恳恳地努力过程，**才能让孩子的路线更明晰，积极性更高。

■ **给孩子奖牌或奖状**

对于孩子来说，美国经济学家史蒂芬·D.列维特教授通过实验发现，**奖牌、奖杯比金钱更容易刺激他的积极性。**

在文具店能买到各种奖牌、奖杯，在网上能找到免费的奖状模板，还能在文具店或网上购买各种各样的奖励贴纸，这些都能让孩子得到满足。

奖杯、奖状给孩子带来巨大的成就感

■ 金钱奖励需要注意的地方

弗莱尔教授的调查发现,那些获得金钱奖励的孩子们花钱会更谨慎,不会乱花钱,而且有存钱的习惯。

教育经济学家中室牧子教授认为,孩子之所以能正确看待金钱奖励,其中一个原因是他们的父母在教育孩子学习的同时进行了金钱教育,比如,为其开设存钱用的银行账户,**让孩子记账等。**

换句话说,如果孩子具备正确的金钱知识,进行金钱奖励也不是什么坏事。

81 创造"士气"
——引导孩子"我要做"的积极性

如何让孩子主动去学习？**如何提高孩子的学习积极性？**心理学中把激发人的某种行为的活动称为"动机形成"。

动机包括受到外部（鞭子或糖）影响的外因性动机和由自己本身的关注或兴趣意志引发的内因性动机。

外因性动机是父母容易控制的，马上有效果但不能长期持续。

比如孩子因为"考不好会惹爸爸妈妈生气"的缘由去学习，**这种学习的根本目的是避免父母生气，自发主动学习的意愿比较低。**

内因性动机虽然出现成果的周期较长，但是能让孩子长时间坚持下去。

如何让孩子有积极性？

■ **给予成功体验**

心理学家爱德华·德西教授指出，"**一学就会的才华自**

信感会提升积极性，而越是觉得自己做什么都失败，积极性就越低"。

倍乐生教育综合研究所的研究表明，**越是觉得"我能行"的孩子，越会带着内因性动机去努力学习，他们的成绩也比较好。**

那么，如果孩子并没有强烈的"我能行"的自信心，积极性并不高，该怎么办呢？

发展心理学家渡边弥生教授说，最重要的**是给予孩子"成功的体验"。**因此，"父母可以设置一些具体的目标，这些目标是孩子只要努努力就能达成的。孩子一旦成功，就立刻夸奖他，给予他成就感，然后再设定稍微再高一点儿的目标，继续鼓励他前进。这种'小步慢走'的目标设置会更有效果"。

稍微踮踮脚尖就能够到目标的成就感，会让孩子逐渐增强自信心，同时逐渐增强学习意愿，提高主动性。

■ 让孩子自己选择

孩子按自我意志自由选择任务，内因性动机会提高。

德西教授在一项实验中告诉第一组被试"可以自由选择谜题，解谜时间不限"，然后要求第二组被试并且"在第一组被试解谜时间内解同一个谜题"。

结果发现，可以自由选择谜题并且不限时间的第一组被试比第二组解谜的积极性高。让孩子自己自由选择任务的时间、地点、顺序和内容能提高积极性。

■ **信赖、夸奖、鼓励**

另外，德西教授指出，有时候即使孩子开始是受外因性动机影响，只需慢慢地坚持下去，也可能产生内因性动机。

孩子最初不是因为喜欢才开始做的，**但在做的过程中，受到他人的信赖、夸奖和失败之后的慰藉**，就找到了乐趣，产生深入探究的好奇心，开始对事情本身显示出关注之心。

特别是在孩子积极性低落的阶段，一起和他努力的人或物会提升他的积极性。

对于学习态度消极的孩子来说，如果有大人在身边鼓舞守护，有教弟弟妹妹等小朋友学习的责任，就会逐渐地建立自信心，提高学习的热情。

■ **让孩子自主学习喜欢的事物**

英国牛津大学心理学家、教育家杰罗姆·布鲁纳教授说："**人在学习感兴趣的事物时所感受到的乐趣和好奇心是内因性动机的重要源泉。**"

要想驱使好奇心，父母就要让孩子深入探索自己喜欢的事物，刺激他"求知"的欲望，并和孩子一起享受其中的乐趣。主动探索主动求知的态度能激发出孩子的学习欲求。

一旦发现孩子有感兴趣的事情，父母就提供各种资料或体验的机会，调动他学习的积极性

82 支持孩子
──避免过度干涉

哈佛大学儿童发展中心认为，**周围大人适当的支持对孩子控制记忆力、专注力、自制力的大脑机能发育非常重要。**

但是近几年出现了父母"过度干涉"的问题——父母总是伸出多余的援手。

过度干涉的教育中，父母会提前把障碍物全部排除干净，以避免孩子失败受挫。在这个过程中，因为父母总是精神抖擞地在孩子周围来回巡查，所有也被称为**"直升机父母"或"冰壶式育儿"。**

美国有研究称，直升机父母培养的大学生有很大概率患上抑郁症。

京都大学心理学家河合隼雄教授曾说："以前的父母因为穷，最多能保障孩子的温饱，心里总想着多为孩子做点儿什么。但是现在的父母对孩子的爱应该是考虑'不为他做什么'。"

在少子化不断加剧的今日，要判断这种"做不做，什么多做，什么少做"的问题更是难上加难。

如何巧妙地支持孩子？

- **按三分类原则整理东西**

人在乱七八糟的桌子上学习，大脑注意力很容易分散，还会变得格外疲惫。如果孩子不会整理东西，父母可以一起帮忙收拾。

整理顾问安腾贡女士说**按三分类原则来整理东西，孩子也能简单分类。**大人和孩子可以商量着来归类。长时间不用的东西可以全部扔掉或者放到柜子里面。

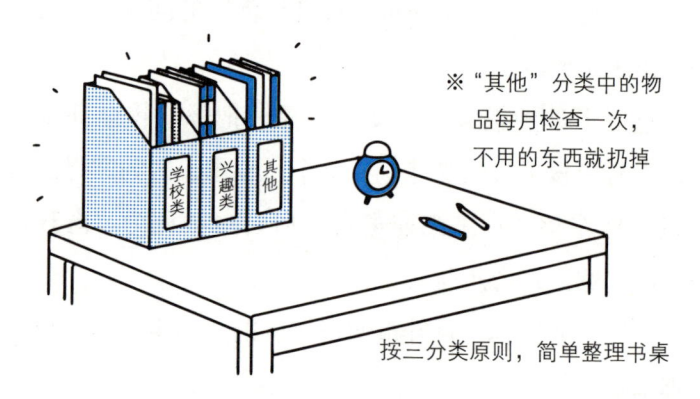

※"其他"分类中的物品每月检查一次，不用的东西就扔掉

按三分类原则，简单整理书桌

- **决定好每日的例行任务**

一般来说，孩子不擅长制订计划。对于必做的作业和学习任务，大人和孩子可以一起商量什么任务在什么时间完成，把它固定成每日的常规任务。

- **让孩子决定怎么做**

有时候如果父母把任务清单全部列出来，孩子反而决定不了哪些该做、哪些想做。

所以，**我们可以让孩子来决定他要做的事情和做的先后顺序。**如果孩子没有马上决定下来，我们就耐心等待。要尊重孩子的决定，而不是图大人方便。

■ 不要打扰、干涉孩子

无论是做运动还是写作业，即便孩子在为问题犯难，或是有些漫不经心地发呆，大人在一旁看着就行，切勿插手干预。

当然，遇到可能会受伤或是伤害他人的情况时父母必须出手干预，但是一般情况下，大人不要图自己方便，就打扰孩子，**过度地干涉孩子的任务，甚至夺走了他的成就感，这就本末倒置了。**

■ 给予勇气

有时候孩子肯定想让人帮他解决问题。但是，如果一遇到困难大人就立马出手帮忙，孩子就会养成不愿动脑而轻易找人帮忙的习惯。

父母"打辅助"是给孩子勇气，提出问题，**让他靠自己去解决自己的问题。这才是真正的"辅助"，才会真正收到效果。**

83 一起决定"目标学校"
——教育不能光盯着成绩

日本2020年实施的学习指导要领中,除了包含以知识技能的习得为目的的学生教育之外,还增加了通过对话促进自主学习的**"积极学习"**（active learning）。

面对这种改革潮,无论公立学校还是私立学校都将大规模地修改课程计划和教学大纲。

在各种各样的学校中进行选择时,有一个永恒不变的核心问题是"我们想要从学校获得什么"。尤其初高中阶段是孩子人格形成的关键期,孩子几乎大半时间都在学校度过,学校会对他们产生巨大的影响。

如何选择学校?

■ 确定"真正想从学校得到什么"

最初不要设置太多的前提条件,**可以多去各种各样的学校看看,锻炼自己的眼光。**

日本教育记者大田丰岛先生列出了三条"秘诀"。按照这三条"秘诀",更容易找到满意的学校。

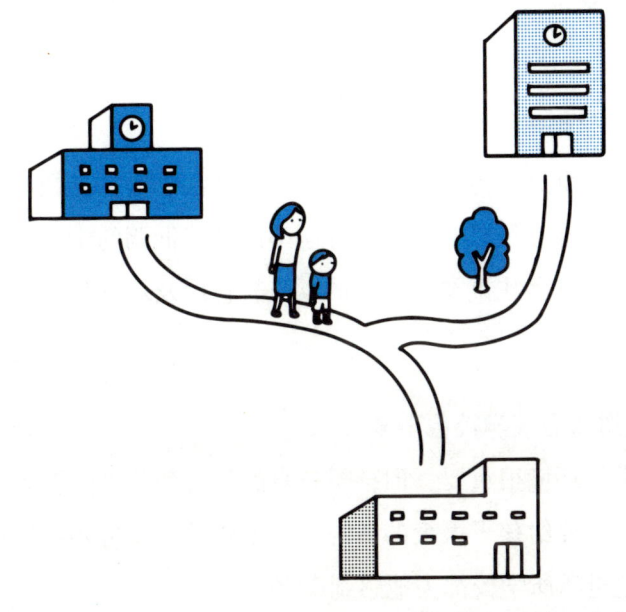

不要有先入为主的观念,和孩子多去各式各样的学校参观考察

① 学校的历史和设立背景

这两个因素并没有受到很多家长的重视。但是大田先生认为这对孩子有很大影响。**实际上毕业于同一所学校的个性迥然的学生身上都带着某些"共性"**。要看清这个"共性",可以注意观察学校的校长。校长的待人处事和言行举止在一定程度上能反映出学校的风格。

② 自由和纪律的平衡

大田先生说要明确两者是否平衡,可以在初中的学校活动中看看学生有多少自由活动的时间,就能大致地判断出来。

另外，在参观学校时**多看看校长、老师、学生之间的对话是否轻松坦诚**，这也是一窥学校自由和纪律平衡度的好机会。

③ 是否重点宣传升学率

很多重点宣传升学率的学校，在课程设置上会把应试放在重点或核心位置，而那些升学率高却很低调的学校，通常在课程设置上注重宽泛广博的素质教育以及培养孩子的思维能力。

■ 没进入心仪学校也不要紧

学校环境很重要，但孩子自身的努力和父母的教育也很重要。不要给孩子太大的压力。最重要的是父母要告诉孩子无论他进哪所学校都为他感到高兴。

84 让孩子拥有"自己的空间"

——打造能提升积极性的环境

在日本从事住宅综合咨询的四十万靖先生，曾考察那些有孩子考上著名私立初中的 200 个家庭的住宅环境，**并调查了"聪明的孩子"是在什么样的家长大的。**

与他一起参与调查的日本东洋大学教授兼建筑学家渡边朗子女士说："'聪明的孩子'并不是单纯指成绩好，**还要有浓厚的好奇心，善于观察周围事物并积极思考，勇于挑战困难，有丰富的感受和绝佳创造力。**"（《打造让孩子自主学习的住宅》）

从调查结果来看，让孩子愿意学习的家有很多共通点。

如何打造孩子"自己的空间"？

■ **让孩子在喜欢的地方学习**

渡边教授说："对孩子来说，生活的'基地'绝不是孩子自己的房间而是整个家。"她指出"养出聪明孩子的家"的共同因素之一就是"nomad"。

英语中的"nomad"是指游牧民。聪明的孩子总是像游牧民一样改变自己的学习场所，并不是总待在自己的房间里学习。

在能感受到家人气息的地方，就能安心学习。

■ **孩子的房间要通风良好**

对于孩子来说，独处的个人空间能让他平和安心，这是成长过程中不可或缺的。

但是，孩子的房间没必要设计得极为豪华，可以兼顾学习、玩耍、睡觉等任何活动。渡边教授说："即便面积小也没关系，能感觉到家人的气息，通风良好的地方最佳。"

比如说，敞开孩子房间的门，或者去掉门只用窗帘隔开，等等，设计孩子的房间时要让他感觉到父母的气息或动静。

孩子的房间敞开门，
不要封闭孤立起来

■ **阶段性调整**

早稻田大学的佐藤将之副教授说，如果孩子到了想要自己的房间的年龄，最开始先让他有个睡觉专用的房间，学习时就去客厅。等孩子年龄慢慢变大，再逐步地调整房间的功能。

■ 经由客厅到达孩子房间

建筑家横山彰人先生建议，父母在设计孩子的房间时，不要将房间安排在可以直接出入大门或者和父母不照面的地方，**否则孩子会觉得自己被家人孤立，有可能引起不良行为。**

为了避免孩子在父母不知情的情况下带朋友回家或者偷偷出门等，**最理想的孩子房间是要经过客厅才能进去的房间。**

■ 让孩子与大自然接触

人会受到包括家庭环境在内的多重外部环境影响。有一个概念叫作"自然缺失症"，也就是说**孩子没有充分感受过小石头、水坑、昆虫蠕动和草木生长的世界，他的知觉机能就没有完全发育开来。"**

如果没有积累够在自然界中发挥五感机能的体验，大脑的成长就会失衡。如果生活环境缺少绿色植被，可以在节假日**让孩子置身于大自然中，这对孩子的成长非常重要。**

85 让孩子早睡早起

——好好睡觉,让大脑休息

加利福尼亚大学伯克利分校的脑科学家马特·沃克教授称,**学习之后的充分睡眠**比不睡觉的记忆效果更好。哈佛大学医学部的研究证明,**学习后最开始的 30 个小时很重要。**如果这个时间内没有获得充足睡眠,那即便在 30 个小时后的晚上好好睡上一觉也不会有什么效果。

从对睡眠和学习的各种研究可以看出,睡眠不仅可以促进前一日学到的知识和技能的深刻记忆,也能加深对其的理解。

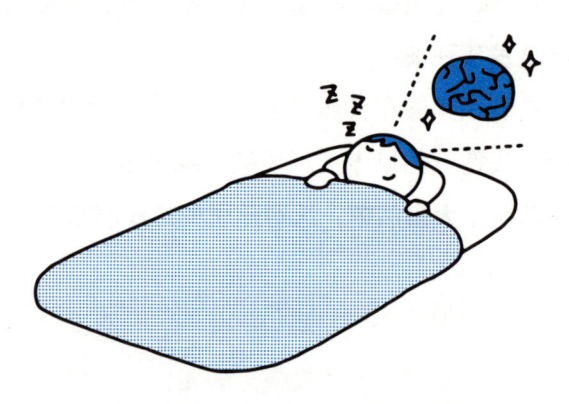

学习之后的 30 个小时以内好好睡一觉

大脑即使在休眠状态时，也进行着各种信息处理，甚至对清醒时的信息进行补充和完善。

另外，日本文部科学省的研究报告称，**喜欢早睡早起的晨起型学习者与晚睡晚起的夜猫子型相比，前者的学习成绩和体育成绩都要比后者好。**

据称美国高中生的学业成绩同样有此规律，也就是说，早睡早起、睡眠充足对夯实学习非常重要。

如何做到早睡早起？

■ 小学生在晚上 9 点睡觉

儿科医生、日本文教大学教授成田奈绪子教授说，小学生最好能在晚上 9 点睡觉。这是因为影响儿童发育的生长激素在晚上 10 点开始高效工作，这时孩子最好已进入"熟睡"状态。

如果晚上回家比较晚，就在训练或者上课之前吃晚饭。回家以后再稍微补充一点食物就好，注意不要睡得过晚。（参见"87 让孩子均衡摄取营养"）

■ 避免下午 3 点以后睡午觉

一般来说，下午 3 点以后睡午觉，晚上就很难入睡。为了保证晚上不晚睡，一般应在下午 3 点之前午睡，时间大概 30 分钟到 1 小时为佳。

- **睡觉前 1 小时内不接触蓝光**

手机或游戏机的液晶屏幕发出的蓝光是影响睡觉的激素"褪黑素"的大敌。房间照明用的白色 LED（发光二极管）设备也会发出大量的蓝光。

日本江户川大学睡眠研究所的福田一彦教授说："**儿童眼中的水晶体非常清澈，瞳孔较大，更容易受到蓝光的影响。**"

想顺利入睡，就要在睡前 1 小时内避免接触蓝光，把房间的亮度尽量调低。

- **给孩子布置"早上的任务"**

有的孩子晚上迟迟不肯入睡，早上又赖床，**那么可以把早上的家务活儿交给孩子**，比如"晾衣服""摆放吃早饭的筷子和杯子""准备宠物的早饭"等。

一旦孩子适应了早起的节奏，晚上也自然而然能早点入睡了。

86 让孩子掌握"专注力"

——最多专注 15 分钟

加利福尼亚大学尔湾分校的情报科学家格洛丽亚·马克教授称，**当一个人集中精神进行智力活动时中途突然被打断后，重新进入精神集中状态需要 23 分钟。**

另外，美国智库之一布鲁金斯学会表示频繁的干扰会妨害大脑的执行功能的发挥。

如今，孩子的身边充斥着欢悦享乐的刺激，他的大脑很容易被各种杂念所影响。

如何培养专注力？

■ 书桌上只放"正在用的东西"

孩子学习前，首先要创造一个在他视野范围内没有多余物品的环境。否则，**大脑会自动地从多余物品上汲取信息，消耗能量，造成大脑疲劳。**

为了减少这种不必要的消耗，要撤掉桌子上无关的东西，或者盖上素布也有效果。桌上只留该用的东西，没有其他多余之物，孩子才能集中精神做该做的事。

整理顾问安腾贡女士建议父母，**对于那些桌上常备的文具也要严格挑选，只买那些孩子喜欢并且用起来方便的文具。**

■ 设定"开始指令"

开始指令是指每次必做的动作等类似仪式的东西。很多体育选手在平时练习中就添加了开始指令，相当于打开"专注力的开关"。

这种行为在心理学上已经被证明有效果，同样也适用于学习。 父母可以和孩子一起想想设定什么"开始指令"能让人愉快地投入学习。比如"在固定位置摆放文具""把桌子擦干净""大人和孩子一起说个口令"等。

■ 分小块完成任务

一般来说，儿童专注力的时间**从学龄前到小学低年级是年龄数字加 1 分钟，从高年级到初中是 15 分钟左右。**

由于孩子很难长时间集中精神，安排任务的窍门就是把任务按 5 分钟到 10 分钟的量分成小块来做。孩子做任务的时候，父母在一旁像做游戏一样，用秒表计时。（预备，开始！）

把时间和正确率当作游戏元素打分，**让孩子带着打游戏闯关的感觉去做任务，提高他的积极性。**

5~10 分钟为一组，2~3 组之后，孩子就能有很大的成就感，不仅锻炼了专注力，也有了时间感。（参见"68 让孩子把学习变成习惯"）

- **休息**

出身意大利的咨询师弗朗西斯科·西里洛发明了一种叫作"番茄工作法"的时间管理术。这种工作法提出，工作、学习、做家务等 25 分钟后休息 5 分钟，然后再进行下一轮任务，这个循环最多持续 4 个回合。

西里洛说，这种"25 分钟 +5 分钟"的时间管理能够让人发挥生产性和效率性的最佳作息平衡度。

孩子很难一下子专注 25 分钟，但是参考这种方法，学习一段时间后休息一下，让大脑放松放松，能有效地提高学习效率和专注力。

- **喝水**

英国东伦敦大学和美国盐湖城西敏大学的联合研究发现，学习前喝一杯水的孩子，他们的专注力和记忆力都有所提升。

大脑的 80% 是水，提高大脑机能就要多补充水分。

第6章

培养健康体质

营养加运动,强健孩子的大脑和体质

87 让孩子均衡摄取营养
——好食物的简单本质

营养师牧野直子女士说，孩子的饮食最重要的是**"保证整体营养均衡"。**

要保证营养均衡就要在食物中搭配主食、主菜和副菜三类。牧野女士说三类食物的最佳比例是3∶1∶2。

主食（米饭等）3、主菜（肉等）1、副菜（蔬菜等）2
是最佳营养比

如何让食物营养均衡？

■ **主食、主菜、副菜三者搭配**

主食主要指米饭、馒头等碳水化合物。碳水化合物是大脑和身体活动的能量来源。

牧野女士指出**如果孩子碳水化合物摄入不足，身体就会消耗蛋白质为发育提供必要的营养，这样会阻碍骨骼和肌肉的生长。**因此摄入足够的碳水化合物很重要。

主菜是用含有大量蛋白质的肉类、鸡蛋、大豆制品等食材做成的。蛋白质是产生肌肉和血液的基础。爱体育运动的孩子尤其容易肌肉疲劳，需要好好地补充蛋白质。

副菜主要是青菜、菌类、海藻、魔芋等蔬菜，主要提供身体所需的维生素和矿物质等。

最理想的饮食是一顿饭配两个副菜。如果主菜里添加了丰富的蔬菜，那它同时也能作副菜。口味方面，主菜如果口味重，副菜口味就淡一点，主菜如果是咸的，副菜就甜一些。饭菜整体平衡才能吃着香，不觉得腻。"

■ **孩子每天喝适量牛奶**

除此以外，孩子身体发育时期最不可缺少的营养元素就是钙。人体的大部分钙主要都是在发育阶段摄取的。**因此如果在这个时候没有好好补充钙元素，孩子长大之后就会出现骨质疏松或者其他缺钙造成的疾病。**

每天牛奶的摄入量应在 400 毫升左右。可以在吃早饭或零食时配一杯牛奶一起吃。

不过，仅仅如此并不够，还必须从其他食物中补钙。另外人体对食物中的钙的吸收往往不理想，还需要补充适量的维生素 D 以促进钙的吸收。**除了牛奶，酸奶或奶酪等食物中也含有丰富的钙和比例合适的维生素 D。**也可以吃青叶菜（如油菜）、海藻类（如羊栖菜）、大豆制品（如老豆腐）、小鱼干或小虾等食材补钙。

据称，就连很多大人也存在钙摄入不足的问题。牧野女士说："大人要注意在节假日等孩子吃不到学校供餐时，让孩子积极地吃乳制品补钙。"

■ 每顿饭定好分量

目前肥胖儿童的数量在逐渐增多。牧野女士说，**盛饭时定好每人的分量，各人拿各人的，可以预防挑食或吃撑。**孩子可以使用儿童餐盘，盛入搭配得当的各种不同的肉和蔬菜。选用红色、橘色、黄色等暖色系的餐具，让孩子更有食欲。

■ 如果晚饭吃得晚，就分两回吃

现在很多家庭由于父母下班晚或是孩子要去培训班，吃晚饭的时间逐渐变得较晚。牧野女士说："这种情况可以把晚饭分两回吃。"

第一次先让孩子吃面包或饭团等主食。**肉包或饭团中的**

猪肉、三文鱼或鳕鱼等食物能提供维生素 B_1 和碳水化合物，促进大脑活动。

第二次让孩子吃比平时分量少一至两成的主菜和副菜。不过，**第二次进食的食物最好避开烧烤油炸类的东西，避免消化不良**，以防出现睡眠浅、早起无食欲等现象。

■ 孩子不吃饭怎么办？孩子吃太多怎么办？

吃得少的孩子如果能吃少量的高热量油炸食物，也能补充能量。而吃得太多的孩子，**为了防止他吃饭过快，要给他一些有韧性的食物，让他细嚼慢咽。**

"可以用通心粉之类的筋道有嚼劲儿的食物，比如斜切短通心粉，嚼的时候费时费劲儿。青菜可以煮的时间短一些，沿着叶纤维切开也有嚼劲儿。比如说切包菜丝，沿着叶纤维竖着切口感比较柔和，横着切的话口感就比较清脆。"

88 让孩子吃合适的零食
——除了糖类更要注意脂质

孩子的活动量大,就需要在每餐中间吃点心零食。营养管理师牧野女士认为最重要的是"固定吃点心的时间和分量"。因为如果不限时限量地吃,会影响吃正餐。

点心放在午饭和晚饭之间吃,**把一次的分量装好盘给孩子吃。**点心能提供每天必需能量的 10% 左右,小学生大概是 850 千焦,大概是长方形巧克力的一半、一个夹馅儿面包、一小袋薯片的量。

挑选点心时,**要注意避开脂质而不是碳水化合物。**摄入脂质太多就会消耗太多身体能量,人容易疲倦犯困。

长方形巧克力的一半　　夹馅儿面包一个　　薯片一小袋

每天点心提供的能量大概是 850 千焦

什么是好点心？

■ **选择脂质少的点心**

脂质较少的点心有饭团、豆沙包、夹馅儿面包、果酱面包、葡萄干面包等，还可以添加香蕉、果冻、酸奶。

另一方面，脂质含量较多的点心有蛋糕、热狗、方便面、油炸食品、汉堡、薯条、薯片、咖喱面包、冰激凌等。这些都是孩子特别爱吃的点心。但是热量太高的点心最好不要每天摄入。膨化食品有反式脂肪酸，它会增加有害胆固醇，引发衰老，带来疾病。

■ **甜饮料不能多喝**

小学生每天要摄入 2 升水。另外，可以在某次口渴的时候喝一杯牛奶，顺便补充钙。

孩子喜欢喝的运动饮料可当作点心喝，且应该在一杯之内。如果每次口渴都喝运动饮料，会马上造成热量摄入过高。

500 毫升的甜饮料含有接近 50 毫克的糖等碳水化合物。

碳水化合物虽然是孩子发育不可或缺的重要营养物质，但是每天频繁喝饮料，孩子摄入的糖类就会超出必需量，所以孩子要尽量控制喝饮料。

■ **孩子运动后及时补充能量**

孩子在体育运动前如果有时间的话，可以吃点儿饭团或馒头等，这些淀粉较多的食物能转换为大量能量，有助于身体活动。

运动之后为了迅速恢复精力并修复肌肉，要尽快喝果汁含量 100% 的橙汁饮料、含有维生素 C 或柠檬酸的运动饮料，**或者吃点儿小饭团或牛奶、香蕉等。**之后，还要好好地吃饭，补充蛋白质。

89 让孩子好好吃早餐

——轻松制作早饭

人在睡眠状态下也在慢慢地消耗能量，所以早起时会觉得没什么劲儿。睡觉时人的体温变低，身体就切换成"省电模式"。吃早饭可以让我们体温上升，全身充满能量，大脑和身体也能充分活动起来。

大脑活动必需的能量来源是葡萄糖。吃早饭能补充体内葡萄糖，提高血糖值，给大脑供应能量，让大脑清醒。

另外，咀嚼能让身体分泌血清素。血清素是稳定心神的神经递质，一旦出现不足，人就会变得消沉沮丧，入睡困难。血清素仅在人清醒时分泌。好好吃早饭，可以促使其分泌。

如何好好吃早餐？

■ 让孩子按时起床

据称日本"每 6 个小学生中就有 1 个不吃早餐"。孩子的消化器官还未发育成熟，不能一下子吃太多东西，只有好好吃三餐才能摄取充足的营养。

另外，如果孩子能量摄入不足就去上学，就会无法集中听讲，**容易出现身体无力而受伤的情况。**所以父母要让孩子按时起床，并且在上学之前吃好、吃饱早餐。

■ **固定早饭风格**

早餐也要基本按主食：主菜：副菜 =3：1：2 来搭配。不过，很多时候我们早上都比较忙，很难做到充分搭配。因此，营养管理师牧野女士就建议我们"**固定搭配简单的早餐**"。

"米饭是主食的话，主菜就选鸡蛋，副菜选汤。面包是主食的话，就选无须烤制的小面包，主菜选奶酪或煮鸡蛋，副菜用圣女果或焯过的西蓝花比较方便，没有时间的话也可以喝蔬菜饮料。"

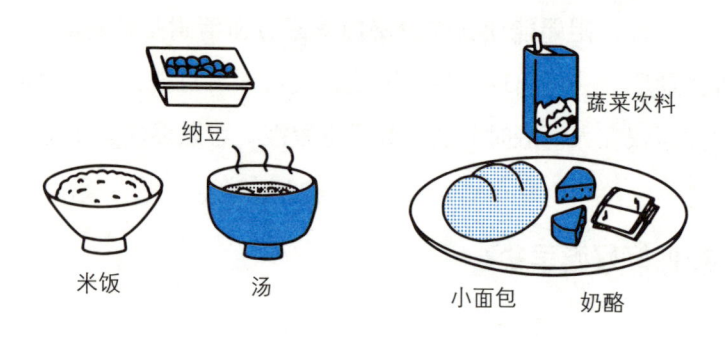

提前决定好早餐搭配

90 享受下馆子

——宝贵的悠闲亲子时间

孩子们很喜欢去外面吃饭，而且在外面吃饭父母无须做饭洗碗，也能换换心情。

平时有时候父母回家较晚，孩子如果有训练，甚至连兄弟姐妹回家吃饭的时间都可能不一样。节假日外出吃饭的话，全家都聚在一起，不看电视，大家热火朝天地边吃边聊，尽情地享受节假日时光。

如何活用在外吃饭时间？

- **体验稀罕的料理**

我们往往为了轻松方便而选择去家常餐馆，其实可以体验一下稀罕的食材料理，也能丰富孩子的味觉体验。

全球化迅猛发展的今天，我们的孩子将来很可能去海外工作。带孩子体验不同的料理也是为他以后能接受各种各样的饮食文化做准备。

比如同样是咖喱饭，有的是咖喱配米饭，有的是配馕饼

（如**印度咖喱**）；另外还有和乌冬面相似的**越南河粉**。除此以外，还有很多民族特色菜肴，只要做得清淡些孩子也能吃。

■ 每周吃一次汉堡快餐也可以

孩子会因附赠的玩具而常常想去快餐店吃饭。不过，这些快餐店的食物中高脂质、高热量的东西很多，所以吃快餐后，要尽量少吃油腻食物，充分摄入蔬菜，保证一日三餐的总体营养均衡。

那些喜欢拉面或牛肉盖浇饭的大人也应该注意营养均衡，不要天天这样吃。

■ 把手机或游戏机收进包包里

全家一起出去吃饭是亲子沟通的宝贵机会。如果每个人都各自刷手机、玩游戏，该多可惜。

吃饭时对话多，孩子的沟通能力就会变得越来越好。另外，家人之间轻松地谈话聊天儿能培养孩子的自我肯定感。边聊天儿边吃饭，也能让人多咀嚼慢慢吃，防止吃撑或吃太多。

聚餐对家人欢度时光有各种重要作用。

91 让孩子不要挑食
——有些食物吃不下也无可厚非

理学博士雅克·比塞说:"每个人对同一味道的反应是不同的。"

孩子在四五岁到 7 岁(有的到 9 岁)时会**把陌生食物当成危险物**。特别是苦味、酸味的食物,孩子会把它们当作"腐烂物",有本能的排斥感。

比如说,排在孩子最讨厌食物排行榜前列的苦瓜、西芹、青椒等,很多大人享受它们的香味和口感,但很多孩子则是把它们当作危险物。

所谓挑食其实是本能反应,儿童对某些食物敏感,喜好差异大是很自然的。

如何解决挑食问题?

- **不强迫,改不掉**

  对于挑食等本能反应,不必强迫逆本能。看见某些东西就立刻有排斥感的话,确实没必要强迫改变这个反应。**人体**

对苦味的敏感度非常高，接受苦味的味觉发育非常晚，所以孩子不喜欢吃苦的东西是自然反应。

但不是说没必要让孩子吃他讨厌的东西，**可以隔一段时间改变调味或烹饪方法再让他尝尝**。要培养孩子的味觉，最重要的是让他熟悉新的食物。不过不要强迫孩子吃，**也不要过于介意他的排斥，每次都淡化处理，循序渐进即可**。

从生理学上说，味觉偏好一般是从 10 岁开始发生变化，孩子开始逐渐喜欢吃胡椒或蔬菜等。对于一些苦味较浓的蔬菜，父母可以加点儿甜味调节味道，渐渐地拓宽孩子的味觉域。

■ 味道刺激可以促进孩子的大脑发育

舌头表面的味蕾器官捕捉食物味道后，将其通过神经细胞传递到大脑中。**味蕾捕捉味道后传递的信号会刺激大脑，促进大脑发育**。体验各种味道能刺激大脑发育，锻炼人的"视觉、听觉、触觉、嗅觉、味觉"五种感觉。

而且，味蕾能捕捉到食材本身的自然味道。每次从自然味道中区分出基本的"酸甜苦咸鲜"五味时，味蕾数量就会增加，味觉就会得到锻炼。

吃饭不仅是为了生存，也能促进大脑发育。

雅克·比塞说："无趣的给人刺激少的食物会让语言消沉衰退。"

- **让孩子看见父母津津有味吃饭的模样**

仅从营养方面来说，可以用其他含有相同营养的食物来代替孩子讨厌的东西，**喜欢吃的东西吃到饱也能健康长大。**不过，味觉与大脑发育相关，让孩子体验各种各样的味道非常重要。

在家里吃饭时，大人往往不会吃自己讨厌的食物，不过大人还是要尽可能地挑战各种食材，**孩子看见大人津津有味吃饭的样子也会感兴趣，鼓起勇气挑战陌生食物**，增加锻炼味觉的机会。

- **克服挑食的小妙招**

·切成碎末放进汉堡包或咖喱饭中

·用孩子喜欢的角色布偶或人偶给他加油

·煮一下减少苦味

·给酸味、苦味的食物里加入甜味和咸味（如菠菜加芝麻、橘皮果酱加蜂蜜、煮鸡蛋加盐等）

92 一起做饭
——培养五感的刺激性体验

现在有很多父母感觉到，比起以前自己和父母的聊天时间，现在自己和孩子的聊天时间变得越来越少。

日本江崎 Glico 公司的调查发现：**越来越多的父母在忙完工作和家务之后，玩手机的时间要比和孩子面对面聊天的时间长。**

因此，大人和孩子一起做饭成了亲子沟通的宝贵机会。**东京燃气都市生活研究所的调查表明大人和小孩一起做饭频率越高的家庭，家人之间的关系就越融洽，幸福感就越高。**

如何一起做饭？

■ **做饭锻炼五感**

做饭时，尝咸淡的"味觉"，准备食材的"触觉"，观察烹饪效果的"视觉"，咔嚓咔嚓地切、咕嘟咕嘟地煮、刺啦刺啦地烤的"听觉"以及闻食材香气和饭香味的"嗅觉"，都能锻炼到。

孩子无论是洗材料、翻动锅里的菜还是尝咸淡，**打打下手也能充分地刺激五感。**

■ 掌握基本的做饭技能

做饭是生活的基本技能。掌握做饭的"烤、蒸、煮、炒"基本技能，无论去哪里都不会饿肚子。

因此，学会轻松做出一顿家常饭菜对孩子有很大帮助。

首先，从"烤、蒸、煮、炒"四种基本技能开始，陪孩子一起做做饭，体验如何简单用盐或胡椒粉就能做出好吃的饭菜。

■ 培养对知识的实际感受

有时候老师在课堂上会感叹"现在的孩子虽然懂得不少，但还是缺乏对知识的实际感受。"

比如很多孩子对于"100克有多重""15毫升大致有多少量""大塑料瓶一般装多少水"等问题并没有什么概念。

孩子在做饭时拎一下材料，再看一下实际重量，就能大致明白体积和重量的对应关系。

孩子有了这种体验后，在做题目时，如果出现不合常理的数字，直觉上就会觉得不对劲："**这个好像有点儿不对劲吧，可能是计算错了。**"

■ 让孩子做饭，体验成就感

做饭是孩子比较容易获得成就感的任务。成就感越多，孩子的积极性就越高。

虽然配合孩子的节奏会消耗更多时间和精力，**但父母要忍住，不去插手帮忙，不对过程和结果挑毛病。**

"在咖喱里加点儿巧克力试试""用牛奶代替豆奶看看"，**父母可以提建议，创造机会让孩子反复试错，这也可以培养创造力和自信心。**

■ 一起看食谱

切菜、裹面粉、捏团子等工作可以交给孩子做，但是大人要和孩子一起看看做菜的整体过程，让他想想自己的工作有什么作用。

比如为什么蔬菜要切成丝，为什么裹面粉要有顺序等，**追问这些问题能提升孩子的思维能力。**

做饭能培养孩子客观审视自身思维和行为的"元认知能力"以及思考"我还有哪些不足""我应该怎么做"的解决问题的能力。

元认知能力从幼儿期后半段开始逐渐发育，到小学三年级左右开始真正发挥作用，并和学习能力以及将来的工作能力有直接关系。

93 做便当

——简单易做，饱含深情

孩子们在吃便当时，常常会聊为自己做便当的家人。便当，是无法和家人一起吃饭时与家人联系的纽带。孩子在吃便当时能感受到亲情。

但是，在忙碌的早晨还要做精美的便当对大人来说确实是一种负担。很多人既想做好吃的便当又不想花太多精力。该怎么办呢？最方便的就是提前决定好便当的种类。

如何省时省力地做好便当？

■ 分量适宜，营养均衡

营养管理师牧野女士建议"便当比例基本上是主食：主菜：副菜 =2：1：1"，一般来说，幼儿的便当盒容量为 300~400 毫升，低年级孩子的为 500~600 毫升，高年级孩子的为 600~700 毫升。

便当盒容量越大，所装饭菜的热量就越多。所以，便当盒容量要和孩子必需的热量基本一致。

主食也可以用面包。不过米饭的脂质含量比面包低且不含盐，吃起来更健康。基本上主食用米饭为好。

■ 饭菜大致包含五种颜色

小孩子总喜欢"鲜艳的颜色"。**颜色能刺激孩子的食欲。** 便当凑齐五种颜色看起来好看，做起来也不难，如用煎蛋或红薯（黄色）、西蓝花或毛豆（绿色）、圣女果或梅干（红色）就能凑齐三种颜色，再配上烧肉（棕色）和米饭（白色）就够了。

■ 烹饪和调味结合，让营养均衡

要解决"便当无非就是那么几样"的"搭配老套路"，可以在烹饪调味的配合上下功夫。

牧野女士说："**烹饪方式和调味的不同组合，可以简单地平衡热量和盐分。**"她推荐了以下具体的搭配。

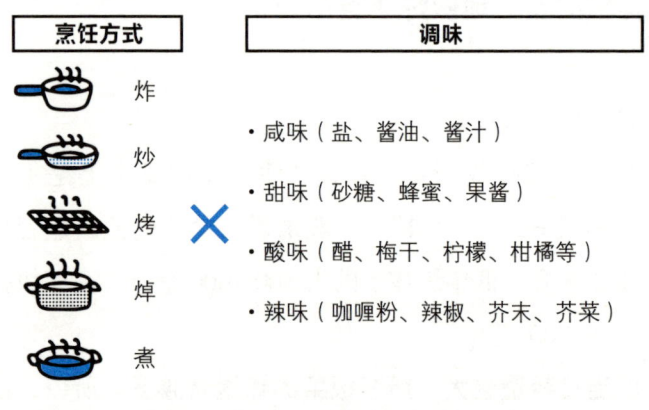

烹饪方式		调味
炸		・咸味（盐、酱油、酱汁）
炒	×	・甜味（砂糖、蜂蜜、果酱）
烤		・酸味（醋、梅干、柠檬、柑橘等）
焯		・辣味（咖喱粉、辣椒、芥末、芥菜）
煮		

改变一下烹饪和调味组合，创造新口味

- **使用速冻食品**

用速冻食品也很方便。做便当最重要的不是亲手做，而是主食主菜副菜的营养均衡。**如果菜品不齐备或是没有做饭的时间，可以用速冻食品，保证营养均衡。**

买速冻食品时，不要老买同一种产品，可以换换厂家或样式等，让种类尽量丰富。

牧野女士说："**速冻食品解冻后再冷冻会因为凝霜而味道变差，所以一旦开封就要尽快用完，无需在意保质期。用不完的部分要马上放进冷冻室。**速冻的西蓝花或青菜要比自己煮完冷冻起来的好吃。"

- **提前准备自制冷冻食品**

牧野女士建议我们，如果晚上做牛肉饼或汉堡包等食物时，**可以多做一些冷冻起来，这样第二天早上做便当的时候就很方便。**全部调好味道，做好菜品，然后再冷冻起来。用的时候直接用微波炉加热即可。

食物不宜直接以冷冻状态加热，**因此可以前一天晚上将其放在冰箱冷藏室里慢慢解冻，早上方便加热。**

- **汤汁用保温饭盒保温**

像咖喱、汤汁焖菜、关东煮、麻婆豆腐、猪肉酱汤等菜品，可以早上放进保温饭盒中，中午吃起来正好。

不过，**要告诉孩子打开之后要尽快喝完。**

- **有汤汁的菜品分开放**

被便当烫伤的原因是"高温"和"水分"。特别是盖浇饭或炒饭、酱汁焖饭等便当含水分多，容易造成烫伤。

吃盖浇饭时，有酱汁的配菜装在其他容器中，吃饭时再浇在米饭上。

便当常用的副菜，如圣女果、西蓝花等要提前用厨房纸擦干水后装入饭盒。鸡蛋不要半熟，要熟透。

- **冷吃点心要冷藏**

食物并不只在夏天需要冷藏。**冬天的时候，室内开暖气，温度高，也容易滋生细菌。**

牧野女士建议，做餐后点心用的果冻或水果可以另外装在其他容器里冷藏。

可冷冻的水果有西柚等去皮的柑橘类和带皮吃的葡萄以及罐装水果等。

94 | 吃应季菜肴

——把春夏秋冬放入碗中

时令蔬菜和水果的味道和营养价值最好。 不过，现在一年四季都有各种各样的水果，很多都是温室栽培或海外进口的。

炎热的夏季有清凉的黄瓜等蔬菜，寒冷的冬季有富含维生素 C 可预防感冒的萝卜和白菜。**很多时令蔬菜能调节我们的体质。**

吃时令食材既能让孩子摄取营养，又能让他切实感受四季，了解传统， 确实是个简单方便的办法。

如何活用时令食材？

■ 了解并教授孩子关于时令的知识

食材一般在时令期内长得更"健康"，产量也大。**因此，它不仅营养价值高，价格也比较低廉。**

比如说，露天生长的菠菜一般在冬天应季上市，维生素 C 含量是夏天成熟的菠菜的 3 倍。夏天成熟的西红柿中的番茄红素含量是其他季节的 2 倍。

秋天的秋刀鱼和沙丁鱼不仅肥美，**而且其中有助于促进大脑活动和防止常见疾病的 DHA（二十二碳六烯酸）和 EPA（二十碳五烯酸）含量是春夏两季的 2~3 倍。**

我们的需求也随着季节变化，热的时候想凉快，冷的时候想保暖。**时令食材正好符合这些需求，让人感到无比美味。**

父母自己也要多了解时令，利用每天的时令食材，让孩子们也接触一下时令知识。

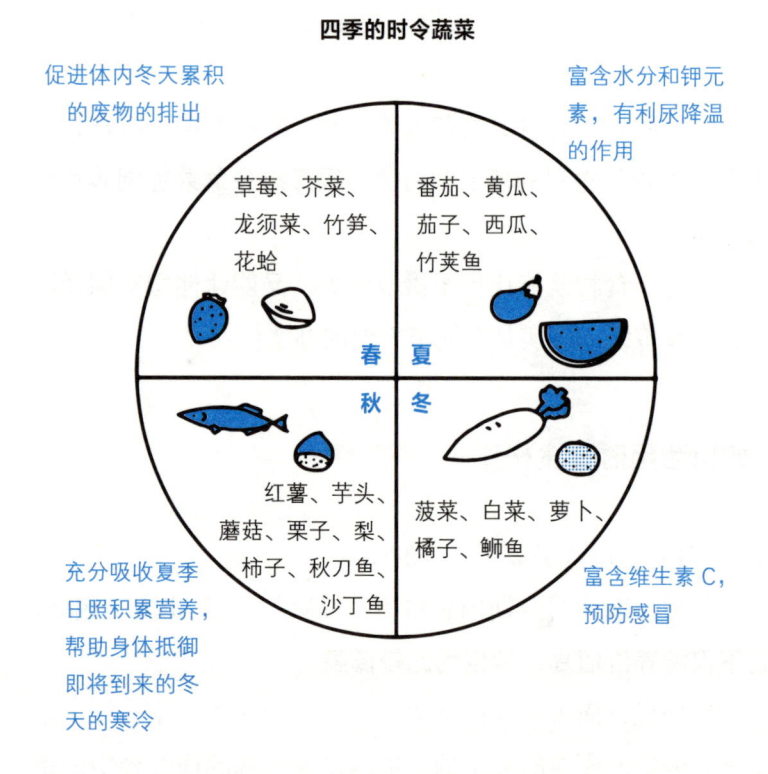

四季的时令蔬菜

促进体内冬天累积的废物的排出

富含水分和钾元素，有利尿降温的作用

春：草莓、芥菜、龙须菜、竹笋、花蛤

夏：番茄、黄瓜、茄子、西瓜、竹荚鱼

秋：红薯、芋头、蘑菇、栗子、梨、柿子、秋刀鱼、沙丁鱼

冬：菠菜、白菜、萝卜、橘子、鲫鱼

充分吸收夏季日照积累营养，帮助身体抵御即将到来的冬天的寒冷

富含维生素C，预防感冒

95 活用外卖食品

——巧妙利用，注意少油少盐

现在双职工家庭占大多数，父母每天挤出时间坚持做饭确实非常辛苦。因此现在外卖市场逐渐扩大。

吃外卖可以节省做饭的时间，大人可以好好享受亲子时光。

另外，也可以选一些家里不常做的外卖食物，让孩子们尝尝新口味。

如何利用外卖食品

- **注意调味咸淡**

营养管理师牧野女士说："人体内的盐分浓度是 0.8%~0.9%。摄入具有相同浓度的盐分，既有利于身体健康，吃起来也比较香。"

但是，外卖食品因冷藏会影响味道，一般口味较重，所以吃外卖时要注意减少其他盐分摄入。

特别是对于小学生以及学龄前的孩子来说，世界卫生组织（WHO）建议每天摄入的盐分浓度要小于大人，外卖食品则容易让孩子口味变重。

人的味觉一旦习惯重口味，就会越吃越上瘾。因此，孩子的饭菜调味要淡一点，"酱汁调味料或沙拉酱的量减半""在家里自己再多拌点蔬菜进去"等。

■ 注意油的摄入量

外卖食品中很多食品较为油腻，比如凉拌菜中拌了太多的沙拉酱。

牧野女士说，沙拉酱的油脂成分较多。**因此可以选择拌焯青菜或醋拌凉菜，避免摄入过多油脂。**

■ 别对食品添加剂太过敏感

让孩子吃外边的东西，大人最担心还是食品添加剂，总是喜欢看看产品配料表，**尽可能选添加成分少的食品。**

牧野女士说："**食品添加剂的安全性由配量决定，因此，只要不是大量食用同一种方便菜或盒饭，就没必要过度担忧。**"

96 提高孩子的免疫力
——锻炼出抗病体质

我们现在的生活环境，因为杀菌除菌技术的效果卓越，卫生环境比过去要好得多。父母的卫生意识较从前更是提高了不少。孩子们可以在干净的环境中安心生活学习。

但反过来说，**孩子们接触各种细菌的机会减少，这是引起免疫力减弱的原因之一。**

由于电脑和互联网技术的高速发展，越来越多的孩子过多接触电脑，出现运动不足、睡眠不足、精神压力大的情况，这也会影响他的免疫力。

提高免疫力不仅能抵御流行性感冒等传染病，还能促进血液流通，激发大脑和身体活力。

如何提高免疫力？

■ **多吃蛋白质长肌肉**

免疫细胞具有防御功能。在正常的体温范围内，体温升高，有助于增强某些免疫细胞的活性，可提高免疫效果。

要想提高体温，需要提高基础代谢率，而多运动、增加肌肉可以达到这一目的。**因此要多吃蛋白质，多运动，长肌肉。**

蛋白质也是构成免疫细胞的成分，所以要均衡摄入肉类、鱼类、牛奶和豆制品，保持蛋白质平衡。

■ 吃杂食，不挑食

免疫力和很多营养元素相关，每顿饭不必考虑计算复杂的营养数值，**按照主食：主菜：副菜 =3∶1∶2 的比例来搭配饭菜，有意识地摄入时令食材，保持营养均衡即可。**

■ 外出玩乐

人体照射紫外线后能自然合成维生素 D。**维生素 D 有助于预防一些癌症、自身免疫性疾病及传染病。**

日本东京慈惠会医科大学浦岛充佳教授研究发现，患了流行感冒，在快出现症状前有意识地摄入维生素 D，能减少一般病症。我们可以多吃些鱼类以及菌类等含有维生素 D 的食物，但是这还不够。

紫外线往往被认为对人体有害。但只要避免长时间肌肤过多地暴露在强紫外线的环境中，**外出玩乐或散步半小时左右，人体就能合成较多的维生素 D，获得免疫力。**对于孩子来说，建议每天至少有 2 小时的户外活动时间。

30 分钟

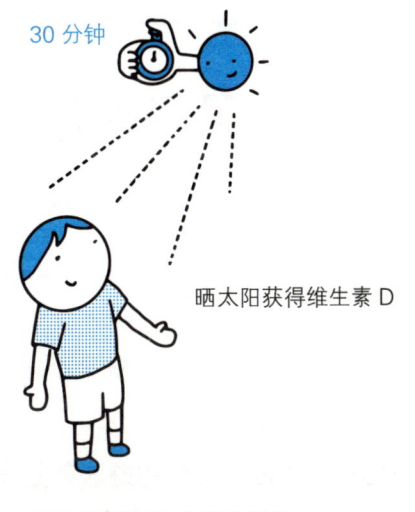

晒太阳获得维生素 D

每天外出做 30 分钟日光浴

■ **保证充足的睡眠**

睡眠不足会导致免疫力下降。早稻田大学前桥明教授称，多活动身体，调整睡眠规律，能促进植物性神经的功能，减少低体温等异常体温现象。

外出游玩时，也要让孩子睡好觉，才能保持正常体温，提高免疫力。

97 让孩子多活动身体
——锻炼出不易受伤的身体

上个小台阶脚腕就骨折了，跳个小箱子身体失衡手臂骨折……现在有很多孩子因为一些小动作就骨折了。

要想有结实的骨骼，最好的办法就是多运动。

■ 全身均衡锻炼

一些积极参加体育锻炼的孩子，因为对身体某些特定部位锻炼程度过重，会导致机能受损。

集中训练某一体育项目，可能让受锻炼位置负荷过重，**导致身体整体的灵活性和平衡性出现问题。**

对于正处于骨骼发育期的儿童，日常生活中的锻炼项目要有节奏和变化，不能负荷过重。最重要的是对全身各个部位进行均衡锻炼，减少过度锻炼带来的损伤。

如何有效活动身体？

■ 运动最佳时长为每天 1 小时

从幼儿到小学初中阶段，孩子锻炼的最佳方式是每天 1

小时左右的运动。

如果孩子想多运动运动，最多不要超过 2 小时。长时间运动后的第二天要好好休息。 连续几天打棒球等长时间的运动反而会让骨骼不适应，影响骨骼发育。

■ 出现持续疼痛要看医生

孩子在运动后出现一星期以上的持续疼痛时，要立刻去医院看病。越早发现才能越早治疗。

■ 做"动物体操"

"骨骨体操"是由日本理学疗法师集团 Kids' Project 团队监修的一套促进骨骼发育的体操。这种体操可以让孩子扮成动物边玩游戏边锻炼。

这种模仿动物加强肌肉和骨骼训练的骨骨体操，**关键在于让孩子充分进行全身伸展运动，做好热身准备，并在运动完后进行全身放松活动。** 包括这项运动在内，每天 1 小时的运动时间对身体发育期的孩子非常重要。

促进骨骼发育的"骨骼体操"

热身运动

● 长颈鹿摇头

两手掌心相对,手臂尽量往上伸展,前后左右慢慢地摇动脖子,逐渐扩大脖子的活动范围。

● 猫咪呼吸

蜷缩身体吸气,像把氧气吸入腹部一般。

然后仰头呼气,用上肢力量支撑起上身。

● 青蛙跳

像青蛙一样两手放在前面,蜷缩身体,蓄积力量。

利用脚的弹跳力尽量往前跳。

重点

蹲下去之后用爆发力猛地跳起来。落地的冲击力会唤醒骨骼,能锻炼到腿和腰部肌肉,以及上半身。

● 小鹿蹦跳走

两手叉腰,右脚向前跳后单脚落地。

马上迈出左脚,左脚向前跳后单脚落地。

像小鹿一样,左右脚交替有节奏地向前跳。

重点

没场地蹦跳往前走时,可以在原地双腿交替蹦跳。这种带着愉快的节奏感的蹦跳能给全身骨骼积极的刺激。

● 大象踏

重点
最好是像相扑运动中的踏脚的动作。找平衡感比较难，所以最开始腿抬得低一点，然后逐步地抬高。

像大象一样，双脚打开慢慢地重重地踏步走。

● 蜥蜴开合

重点
瞬间爆发力的弹跳。像拉长围巾一样，用力地打开双手双脚。

像蜥蜴伺机搜寻好吃的蚂蚁一样，用力缩小身体蹲下。

老对手猫来了！两手两脚"啪"的一下子张开，做出威胁式的弹跳！

● 袋鼠跳

重点
小手缩在身前向下垂。模仿大腿粗壮有力的袋鼠。可以跳远跳近跳高跳低，享受不同感觉的弹跳。

双脚一起前后左右跳。自由地转圈双脚跳。落地时膝盖轻轻弯曲缓冲。

培养沟通力

培养思维力

培养自我肯定感

培养创造力

培养学习能力

培养健康体质

309

98 让孩子适当运动
——轻松享受各种体育活动

很多孩子从小就投入到体育锻炼中,决心成为职业选手。

但过度重复性动作导致的"过劳损伤"会引起骨骼、肌肉、韧带疼痛的"运动损伤"。研究儿童运动损伤的村濑正昭医生忠告我们:"小学低年级儿童的肌肉很脆弱,更需要注意。"

发育期的骨骼中有保证骨骼长期发育的"发育软骨",**如果这层软骨反复承受高强度训练的负荷,就会出现骨骼损伤。**

运动损伤会导致各种炎症甚至脱臼、骨折。有的孩子治疗过晚,落下病根,长大之后依然会病痛缠身。

孩子在身体发育阶段,骨骼尚软,为预防骨骼损伤,切勿强迫他进行高强度的锻炼。

如何适当做运动?

- 享受各种竞技运动的乐趣

欧美儿童从小就开始进行**"多元体育运动"——棒球、足球、篮球等,**不同的季节做不同的竞技运动。从小体验各种体育项目，不仅可以找到更多机会发现孩子的体育潜能，也能让他活动身体各个部位，均衡地锻炼身体。

多元运动，让身体均衡锻炼

■ **注意避免过劳损伤**

村濑医师建议每天做不同的体育运动，以防过劳损伤。

比如说打了棒球或跑了步，那第二天可以空打锻炼上肢，练习左打右打等不同的打球位置等。

■ **运动前做好身体伸展**

为保护发育中脆弱的骨头，防止伤害肌肉和韧带，做运动之前必须做伸展活动。**在正式运动前，做做广播体操，提高体温，舒展身体，促进血液循环。**

大量运动会导致乳酸堆积，肌肉酸痛，所以运动之后要深呼吸，做好拉伸运动，缓慢放松。

■ 冷敷抑制肌肉炎症

冷敷能有效抑制肌肉炎症，促进肌肉康复。

抑制炎症和伤口有一种广为人知的方法叫作"RICE"。

首先是停止活动（Rest），用冰块冷敷疼痛部位（Ice），接着用绷带轻压（Compression）裹住肿胀部位，然后将疼痛部位抬高（Elevation）过心脏部位20分钟左右。

"RICE"法是扭伤磕伤必备的应急处置法。

99 锻炼孩子的"咀嚼力"
——细嚼慢咽有利于增强身心健康

现在孩子每日三餐多以软烂易嚼，方便吞咽的食物为主，越来越多的孩子不会好好咀嚼，做不到细嚼慢咽。好好咀嚼食物能增加大脑供血，促进大脑活性，提高记忆力等。咀嚼也有助于提高学习效果。

咀嚼力薄弱的孩子，口腔肌肉和下颌力量弱，嘴巴会呆呆地张开。这种口唇闭合不全的孩子容易用嘴巴呼吸，会造成喉咙干燥，容易感染病毒细菌，时常出现扁桃体肿胀，导致免疫力低下。另外，嘴唇干燥会干裂出血，可能引起牙龈炎或口臭。

咀嚼力强的人，口腔肌肉控制较好，合着嘴巴用鼻腔呼吸，不容易患感冒。咀嚼不仅能刺激大脑活性，还能促进身体健康。

如何锻炼"咀嚼力"？

- **做发音体操**

    要锻炼口腔肌肉，可以使用今井一彰医生创造的"发音体操"训练法。

① 发"啊"音,张圆嘴巴。
② 发"一"音,咧开嘴巴。
③ 发"乌"音,噘起嘴巴。
④ 发"欸"音,伸出舌头向下拉伸。

今井医师说,饭前做 10 组练习,一天可以做 30 组。可出声也可不出声。每次缓慢地发音,把动作做到位,才能锻炼口腔和舌头肌肉,提高免疫力。

"啊"
发出"啊"音,张大嘴露出喉咙。

"一"
发出"一"音,咧嘴露出牙齿。

"乌"
发出"乌"音,噘起嘴巴。

"欸"
发出"欸"音,伸出舌头舔下巴。

■ **清洁口腔**

当出现蛀牙,牙神经受损时,咀嚼力就会变弱。因此,想要细嚼慢咽好好咀嚼,就要保持口腔清洁,防止蛀牙。

另外,睡前认真刷牙,睡觉时口腔干净清洁,能有效防止蛀牙。早起后马上刷牙也可以防止蛀牙。

■ **一口饭嚼 30 次**

厚生劳动省提倡的"嚼 30 次"运动就是指一口饭要嚼 30 次,可以锻炼咀嚼力,有效地预防疾病,有助于身体健康。

100 保护孩子的眼睛

——手机时代，呵护双眼

虽然近视也有遗传，**但是现在孩子近视的主要原因是户外玩乐的时间减少，玩电子产品的时间增多。**

眼睛距离屏幕越近，电子产品中的蓝光照射到视网膜的量越大，刺激越强，眼睛捕捉的蓝光量越多。特别是孩子的眼睛对焦力很强，进入眼中的光量比大人多好几倍，因此孩子特别容易受到电子产品的蓝光影响。

另外，大人每分钟眨眼 15~20 次，**但是孩子覆盖角膜的泪膜很发达，能盯着屏幕 2~3 分钟不眨眼。**

长时间盯着屏幕，会造成眼内充血干燥，并出现眼角膜损伤。

现在**孩子使用电脑的时间逐渐增加，更有必要进行眼部保健，珍视眼睛健康。**

如何保护眼睛？

- **一天外出玩 2 小时**

  庆应义塾大学医学部的眼科医生绫木雅彦特任副教授说

日光中的紫外线有抑制近视发展的效果，建议我们每天外出晒晒太阳。

儿童近视已经成了世界性课题。**我们提倡儿童每日外出玩 2 小时左右，做眼部保健，预防近视。**

■ 转移视线

蓝光影响与眼睛和屏幕距离平方数成反比。如距离 20 厘米和 2 米相比，**20 厘米所受的影响是 2 米所受影响的 100 倍。**

一般来说，看电视时距离电视 1 米以上，眼睛受到的蓝光刺激较少。但是如果是看距离人脸 20 厘米的手机或是 40~50 厘米的笔记本电脑，眼睛受到的刺激就非常大了。

长时间使用笔记本电脑或平板电脑时，可以另外连接其他显示屏，这样**距离屏幕有 60~70 厘米的距离，可以相对减少蓝光的影响。**

■ 看 20 分钟就放松一下眼睛

美国眼科学会建议看屏幕用**"20-20-20 法则"**，即每看"20 分钟"屏幕，就看"20 英尺"（约 6 米）以外的地方"20 秒"以上，让眼睛放松休息。

看 20 分钟屏幕，就看看远处，闭上眼睛，让紧张的眼睛放松休息。

每隔 20 分钟看 20 英尺以外的景色 20 秒以上

后记

教育家渡边和子女士在她的《就在你所在的地方生根开花》一书中说过下面这番话：

"你也会遭遇无法开花的时期。当风雨肆虐或烈日灼烧，无法绽放自己时，那就请你静下心来，默默地等待。趁机将自己的根深深地扎进泥土，牢牢地抓住大地。为了不久的未来，你的盛开更加灿烂，更加美好。"

如果把孩子比喻成花，那么，有的孩子早早就开出漂亮的花，有的却还是含苞待放的花骨朵。父母会不由自主地羡慕"别人家的花"，为"自家的花骨朵"焦虑沮丧。

花未开。

我们在养育孩子的过程中，常常会感叹很多事情不遂人意，不如所料。

但是，你要相信孩子，这时候的他正在拼命地向下扎根，正在牢牢地打好基础。

这本书用 300 多页介绍了多种育儿技巧。但归根到底这些技巧是帮助孩子"开花"的"水"或"肥料"。

至于浇水施肥的时机、分量以及方法，并不能控制得像父母所预期的一样。

无论是父母、孩子还是兄弟姐妹，每个人有自己的花朵和开花方式。

即便现在孩子未开花，也不要焦急，无须慌张，要坚定地相信他，相信他正在深深地向下扎根，牢牢地抓住大地，相信在不久的未来他一定能用自己的力量开出最绚烂的花朵。

在信息五花八门的今天，"信任"本身变得越来越难，如果这本书为正在育儿的你带去了"相信孩子"的力量，我会感到十分荣幸。

* * *

感谢各方力量在我写作本书的过程中提供的援助和支持。

上智大学短期大学部英语科教授狩野晶子女士、Wonder Lab 株式会社董事长川岛庆先生、Cookpad 株式会社小竹贵子女士、一般社团法人 Alba-edu 公司代表理事竹内明日香女士、株式会社 Curio School 董事长西山惠先生、滨胁整形外科医院理事长滨胁澄伊先生、滨胁整形外科康复中心院长村濑正昭先生、东京大学大学院情报学环讲师藤本彻先生、有限公司 Food-studio 代表兼营养管理师牧野直子女士、法政大学文学部心理学科教授渡边弥生先生，承蒙各位在百忙之中不吝赐教，再次表示诚挚的谢意。

另外，如果没有多次的现场采风，恐怕我也无法完成这本书。

我还要感谢 President Family 编辑部的鹿子岛智子女士和金子佑辅先生，众多宝贵的采访机会和细致尽心的报道，让我学习到很多本领和知识。

还有每当我想拓宽工作领域时总是很快接受并带给我成长机遇的 *ReseMom* 的主编田村麻里子女士,以及编辑部中总是给我加油、帮助我的田口里美女士。

还有总是相信我鼓励我,把我带进书籍世界的元钻石社的山下觉先生,有像爸爸一样不断鼓励我这个对处女作品毫无信心的新手的责编三浦岳先生,以及用柔和的笔调描绘本书温暖氛围的插画师大野文彰先生。

还有在过山车式的育儿途中,与我相互勉励慰藉,共同前进的亲爱的妈妈们。

向所有人致以我最崇敬最真挚的谢意。

我想把这本书献给我的家人。感谢他们原谅我这个懵懂的不成熟的妈妈,感谢他们支持我的工作。

我也想把这本书献给我的爸爸妈妈。感谢他们默默地守护着三个女儿,感谢他们总是不焦虑担忧,从容镇定相信自己的女儿能牢牢地扎根大地,能在自己的世界绽开美丽的花朵,感谢他们让我悠然自得地长大成人。

加藤纪子

2020 年 4 月